El Libro de los Secretos de Enoc II

SORGALIM SIN

Outskirts Press, Inc.
Denver, Colorado

Las citas de escritura usadas en este libro son de las siguientes fuentes: Al menos que sea indicado todas las Citas de Escritura son tomados de la Reina-Valera. © Versión 1960.

Las citas usadas y traducidas al Castellano de Enoc 1 son de la traduccion Inglesa de R. H. Charles © 1912 debido a su estado de esfera pública.

Outskirts Press, Inc.
http://www.outskirtspress.com

Paperback ISBN: 978-1-4327-2190-9
Hardback ISBN: 978-1-4327-2199-2

Outskirts Press and the "OP" logo are trademarks belonging to Outskirts Press, Inc.

PRINTED IN THE UNITED STATES OF AMERICA

Dedicación

Dedico esta obra a mis hijos. Creados en la imagen perfecta de
Dios y a todos los hijos "electos" de Dios que aguardan el
Bienaventurado Advenimiento y la manifestación gloriosa del
Hijo electo de Dios,
su "Elegido" nuestro gran Dios y Salvador Jesucristo.

Pero muy en especial a los 144,000 porque pasaran por la mas
grande de las tribulaciones y llegaran a cantar
el cántico de Moisés y el cántico del Cordero
delante del Trono de Dios.

A vosotros les digo:

"Reforzad vuestros corazones, porque el
día está a mano".

"y cuando huyas cual ave a tu Monte,
hayaras en Jesus clara fuente,
O alma abrumada del mal..."

❦

"Enoc, hombre justo a quien le fue revelada una visión del Santo y
del cielo pronunció su oráculo y dijo:

la visión del Santo de los cielos me fue revelada...
y he comprendido que no hablaré para esta generación
sino para una lejana que está por venir".

[1] » " Entonces se levantará Miguel,
el gran príncipe protector de tu pueblo.
Habrá un período de angustia,
como no lo ha habido jamás
desde que las naciones existen.
Serán salvados los de tu pueblo,
cuyo *nombre se halla anotado
en el libro,
[2] y del polvo de la Tierra se levantarán
las multitudes de los que duermen,
algunos de ellos para vivir por siempre,
pero otros para quedar en la vergüenza
y en la confusión perpetuas.
[3] Los sabios resplandecerán
con el brillo de la bóveda celeste;
los que instruyen a las multitudes
en el *camino de la justicia
brillarán como las estrellas
por toda la eternidad.
4 » " Tú, Daniel, guarda estas cosas en secreto y sella el libro hasta
la hora final, pues muchos andarán de un lado a otro en busca de
cualquier conocimiento". Daniel 12: 1-4 (NVI)

Contenido

Prefacio

El libro de Enoc ha sido de sumo interés para mí desde que conocí de su existencia y lo que en el esta escrito.

Como la gran mayoría de los Cristianos, yo no era consciente que tal libro existía. Y cómodamente siempre acepte el dimitido relato de Enoc que se encuentra en Génesis 5: 14 – 18 y el hecho de que Enoc era un hombre justo y honrado que camino con Dios y nunca murió porque Dios lo tomó.

Jamás me hubiese imaginado que de tan pequeña referencia en Génesis de este patriarca, hubieran escritos perdidos que me revelarían mensajes Mesiánicos tan significantes específicamente para este siglo y para el tiempo final paralelos a los mensajes Mesiánicos de Apocalipsis dado a Juan de *"La revelación de Jesucristo, que Dios le dio para manifestar a sus siervos las cosas que deben suceder pronto: y la declaro enviándola por medio de su ángel a su siervo Juan"*. Apocalipsis 1:1. Es interesante conocer que las escrituras Enoquinas preceden al libro de Apocalipsis y si se le acredita a Enoc, preceden a los Evangelios por mas de tres milenios siendo antediluviano.

Tales escritos en el Libro de Enoc me sobresaltan el pensamiento y re-confirman la mayor parte de mi fe y entendimiento Bíblico. Aunque debo confesar, que la disertación de las escrituras de Enoc y sus revelaciones inicialmente me dejaron perpleja, y sobre todo sorprendida, mas me han dejado con un mayor entendimiento de la destrucción del primer mundo por el diluvio por hechos abominables e imperdonables y los cuales se aceleran al tiempo de hoy, con acontecimientos presentes y futuros. Estos acontecimientos presentes y venideros los percibo agudamente y en especial, la guerra invisible y muy real y cósmica que se realiza día y noche a nuestro alrededor.

Introducción

Génesis 5: 18 - 24

¹⁸ Vivió Jared ciento sesenta y dos años, y engendró a Enoc.

¹⁹ Y vivió Jared, después que engendró a Enoc, ochocientos años, y engendró hijos e hijas.

²⁰ Y fueron todos los días de Jared novecientos sesenta y dos años; y murió.

²¹ Vivió Enoc sesenta y cinco años, y engendró a Matusalén.

²² Y caminó Enoc con Dios, después que engendró a Matusalén, trescientos años, y engendró hijos e hijas.

²³ Y fueron todos los días de Enoc trescientos sesenta y cinco años.

²⁴ Caminó, pues, Enoc con Dios, y desapareció, porque le llevó Dios.

Hebreos 11:5

⁵ Por la fe Enoc fue traspuesto para no ver muerte, y no fue hallado, porque lo traspuso Dios; y antes que fuese traspuesto, tuvo testimonio de haber agradado a Dios.

Judas 1:14-15

¹⁴ De éstos también profetizó Enoc, séptimo desde Adán, diciendo: He aquí, vino el Señor con sus santas decenas de millares,

¹⁵ para hacer juicio contra todos, y dejar convictos a todos los impíos de todas sus obras impías que Han hecho impíamente, y de todas las cosas duras que los pecadores impíos han hablado contra él.

CONOCEMOS a Enoc en Génesis 5 pero este corto historial nos deja con preguntas. ¡Pero el Libro de Hebreos, el capitulo 11 contiene las respuestas y también Judas cotiza a Enoc!

¿Cómo pudó Judas cotizar las palabras de Enoc? Ellas no están en la Biblia de hoy. La respuesta por supuesto, es el Libro de Enoc. Un libro que realmente es cotizado por Judas en el Nuevo Testamento. ¿Cuál es el Libro de Enoc y de donde vino?

Enoc era el bisabuelo de Noé. El Libro de Enoc en el capítulo 68:1 nos revela palabras de Noé *"y después que mi bisabuelo Enoc me dio todos los secretos en el libro y en las parábolas que le habían sido dadas, él los reunió para mí en las palabras del libro de las parábolas"*.[1]

El Libro de Enoc estuvo en existencia muchos siglos antes del nacimiento de Cristo y aún es pensado por muchos eruditas ser más Cristiano en su teología que Judío. Y fue considerado Santa Escritura por muchos de los primeros Cristianos. La literatura de los primeros siglos de los "Padres Eclesiásticos" están llenas de referencias de este libro misterioso. A principios del 2° siglo "la Epístola de Barnabus" hace mucho uso del Libro de Enoc. En el 2° y el 3° siglo los "Padres Eclesiásticos" como Justino el Mártir, Ireneo de Lyon, Origenes y Clemente de Alejandría todos hicieron uso del Libro de Enoc. Tertuliano (160-230 C.E) llego a llamar el Libro de Enoc "Sagradas Escrituras". La Iglesia Etíope añadió el Libro de Enoc a su canon oficial. El libro era extensamente conocido y leido en los tres primeros siglos después de Cristo. Este libro y muchos otros fueron desacreditados después del Concilio de Laodicea[2] y estuvo prohibido por las autoridades, y después gradualmente pasó de circulación.

---

[1] 1 Enoc 68: 1-2

[2] El Sínodo de la Laodicea fue un sínodo regional de aproximadamente 30 clérigos de Anatolia (la moderna Turquia). Tuvo lugar entre los años 363 y 364.

No obstante, aproximadamente por el tiempo de la Reforma Protestante, se renovo un interés por el Libro de Enoc que hacia mucho había sido perdido al mundo moderno. Pero antes de los finales de los años 1400 se comenzó a extender rumores que en algún sitio todavía podría existir una copia del largo Libro perdido de Enoc. Durante este tiempo muchos libros reclamaban ser el libro perdido y más tarde fueron encontrados ser falsificaciones. El retorno del perdido Libro de Enoc al mundo occidental moderno es acredítado al famoso explorador James Bruce, que en el año 1773 regreso de explorar seis años en Abisinia y trajo consigo tres copias Etíopes del libro perdido. En 1821 Richard Laurence publicó la primera traducción inglesa. Y el famoso R.H Charles publico el suyo en 1912. En los años siguientes varias fragmentos del texto griego emergieron. Luego con el descubrimiento de la cueva 4 en Qumran[3] de los Manuscritos del Mar Muerto en 1947, siete copias fragmentarias del texto arameo[4] fueron descubiertas.

Hay eruditos que creen que el Libro de Enoc fue publicado antes de la era Cristiana por unos grandes desconocido de la raza Semítica, y quienes creyéndose ser inspirado en una edad postprofética, tomaron el nombre prestado de un patriarca

---

[3] **Qumrán** (en hebreo קומראן) es un valle del Desierto de Judea en las costas occidentales del Mar Muerto cerca del Kibbutz de Kalia (Israel). La importancia de este valle (*waddy*) es la presencia de las ruinas (*quiryat*) de Qumrán y de las cuevas descubiertas en 1947 y que contenían un valioso tesoro arqueológico y bíblico. Los **Manuscritos del Mar Muerto** o **Rollos de Qumrán** (llamados así por hallarse los primeros rollos en una gruta situada en Qumrán, a orillas del mar Muerto) son una colección de casi 800 escritos de origen judío, escritos en hebreo y arameo posiblemente por integrantes de la secta judía de los esenios, y encontrados en once grutas en los escarpados alrededores del mar Muerto. Algunos han tratado de encontrar paralelismos entre la figuras de los pergaminos y Juan el Bautista y de Jesús.

[4] El **arameo** (del hebreo אֲרַמִּי, *aramí*, «de la Tierra de Aram») es una lengua semítica con una historia de al menos 3.000 años. Es el idioma original de grandes secciones de algunos libros de la Biblia, como los de Daniel y Esdras, así como la lengua principal del Talmud. Con toda probabilidad fue el idioma hablado por Jesús, y es todavía hoy la primera lengua de algunas pequeñas comunidades.

antediluviano para certificar su propio entusiástico pronóstico del Mesías. El Libro de Enoc es dividido en cinco partes básicas, pero es el Libro de Parábolas (capítulos 37-71) que le da a los eruditos la mayor parte del problema porque el Libro está principalmente concentrado por una figura llamada "El Mesías"; "El Honrado"; "El Elegido" y "El Hijo del Hombre".

Las similutudes de la descripción de Cristo en El Libro de Enoc Capitulo 46:1-2 y entre Apocalipsis 1: 13, 14 y Daniel 7:9 y 13 y otros libros Biblicos son asombrantes. El Libro de Enoc lee:*"¹ Allí vi a alguien que tenía una Cabeza de los Días⁵ y su cabeza era Blanca como lana; con Él había otro, cuya figura tenía la apariencia de un hombre y su cara era llena de gracia como la de los santos ángeles. ² Le pregunté al ángel que iba conmigo y que me mostraba todas las cosas secretas con respecto a este Hijo del Hombre: "¿Quién es éste, de dónde viene y por qué va con la Cabeza de los Días? " ³ Me respondió y me dijo: "Este es el Hijo del Hombre, que posee la justicia y con quien vive la justicia y que revelará todos los tesoros ocultos, porque el Señor de los espíritus lo ha escogido y tiene como destino la mayor dignidad ante el Señor de los espíritus, justamente y por siempre ".⁶*

---

⁵ Anciano de Grande Edad, aqui denota una descripción directa a Dios: Daniel 7: 9 y 13; Apocalipsis 1:13,14. También "Presbítero = Anciano"),.
⁶ Daniel 7:14; Mateo 24:30, 26:64; Marcos 13:26, 14:52; Lucas 21:27, 22:69

Sobre el Libro de Enoc

El Libro de Enoc (también conocido como 1 Enoc) fue igualmente apreciado una vez por Judíos y Cristianos, este libro más tarde cayó en desgracia con teólogos poderosos - específicamente debido a sus declaraciones polémicas de la naturaleza y hechos de los ángeles caídos (Los Grigoris[7] o Nephilim[8]).

Las escrituras Enocquinas, además de muchas otras escrituras que fueron excluidas (u omitidas) de la Biblia (como el Libro de Judit, y algunos de Esdras, etc.) fueron extensamente reconocidas por algunos de los Padres Eclesiásticos tempranos como escrituras "imaginarias". El término "libros **Apócrifos** de la Biblia" etimológicamente, proviene del griego ἀπόκρυφον, que se deriva del verbo ἀποκρύπτω = «esconder», «ocultar», «sustraer a la vista». Por consiguiente, el sustantivo *apócrifo* significa *oculto, escondido o secreto*. Al principio, la importación del término pudó haber sido elogiosa en el sentido que fue aplicada a libros sagrados cuyó contenido fueron demasiado exaltados para ser puestos a disposición del gran público.

En Daniel 12:9-10 sabemos que hay palabras que estan selladas hasta el final del tiempo y, palabras que el sabio entenderá y el impío no entenderá, encontramos relatos parecidos en Mateo 24:15 y en Apocalipsis 13:18. El apóstol Pablo nos dice en Efesios 1: 17-18 lo siguiente:

"[17]para que el Dios de nuestro Señor Jesucristo, el Padre de gloria, os dé espíritu de sabiduría y de revelación en el

---

[7] O "Vigilantes" orden de angeles, posiblemente los encargados de vigilar el paraiso (Eden)
[8] Angeles caidos, Génesis 6: 4 New Century Version, y mencionado en la parte final del Tora "Parshat Noach"

conocimiento de él, [18] *alumbrando los ojos de vuestro entendimiento".* Para poder entender y reconocer los escritos Enocquinos, necesitamos que Dios el Padre de gloria nos *dé espíritu de sabiduría* y nos *alumbre los ojos de nuestro entendimiento.*

En el 4^0 libro de Esdras 14:44[9] se mencionan 94 libros, de los cuales 24 (del Nuevo Testamento) debían ser publicado y 70 debían ser entregados sólo al sabió entre la gente (= libros apócrifos de la Biblia). Gradualmente, el término "libros Apócrifos de la Biblia" tomó una connotación derrogante, ya que la ortodoxia de estos libros escondidos era a menudo cuestionable. Orígenes de Alejandría[10] distinguió entre libros que debían ser leídos en adoración pública y libros exaltados u ocultos[11]. Como estos libros secretos a menudo eran conservados para el uso dentro de los círculos esotéricos de divinidad – muchos creyentes criticaron el libro – y algunos Padres Eclesiásticos poco animados "o poco instruidos" se encontraron fuera del reino del entendimiento, y por lo tanto le aplicaron el término "imaginario" a lo que ellos reclamaban escritos heréticos que fueron prohibidos de leer en esos tiempos.

En el circulo Protestante, "los Libros Apócrifos de la Biblia" fueron 15 obras designadas, todas judías de origen excepto uno de los cuales se encuentra en la Septuaginta (las partes de 2 de Esdras son Cristianas y en latín de origen). Aunque algunos de ellos fueran formados en Palestina en arameo u hebreo, ellos no fueron aceptados en el canon judío formado a finales del 2° siglo[12]. Los Reformadores, bajo la influencia del canon judío del Antiguo Testamento, no consideraron estos libros a par con el resto de las Escrituras; y así se levantó la costumbre de hacer los Libros

---

[9] 4 Esdras, de Esdras el escriba, escribe acerca del Apocalipsis Judio
[10] Padre de la Iglesia 185-254
[11] Comm. en Mate. 10.18; p. 13.88
[12] Canonicidad (Canonicity, 67:31-35)

apócrifos de la Biblia una sección separada en la Biblia Protestante[13], o a veces hasta de omisión de ellos completamente[14]. La vista Católica, expresada como una doctrina de fe en el Concilio de Trento[15], consiste en que 12 de estas 15 obras (en una enumeración diferente, sin embargo) son la Escritura canónica; y las llaman los Libros Deuterocanonicales[16]. Los tres libros de los Libros Apócrifos de la Biblia Protestantes que no son aceptados por Católicos son 1 y 2 Esdras y la Oración de Manases.

¿Por que no esta el Libro de Enoc en la Biblia protestante de hoy? A Dios nada se le escapa, absolutamente nada; Los que apoyan al libro de Enoc como inspirado dicen que la respuesta esta en el mismo libro: *"¹Palabras de bendición con las que bendijo Enoc a los elegidos justos que vivirán en el día de la tribulación[17], cuando serán rechazados todos los malvados e impíos, mientras los justos serán salvados".*

"²Enoc, hombre justo a quien le fue revelada una visión del Santo y del cielo pronunció su oráculo y dijo:

La visión del Santo de los cielos me fue revelada...y he comprendido que no hablaré para esta generación sino para una lejana que está por venir". 1 Enoc 1: 1-2

El oráculo de Enoc nos dice que los escritos no son para la generación de el, sino para una muy lejana, por eso sus palabras quedarán ocultas hasta que sea el momento de revelarlas. Algunos dicen que esta es la generación que recibiran las profecías del libro.

---

[13] Versión Bíblica del Rey Jaime (Jacobo) de 1611.   King James Bible 1611 version.
[14] Canonicidad (Canonicity, 67:44-46)
[15] Tridentino
[16] Canonicidad (Canonicity, 67:21, 42-43)
[17] Mateo 24:9

Dios hace sus revelaciones en Su tiempo:

"*¹Todo tiene su tiempo, y todo lo que se quiere debajo del cielo tiene su hora*". Eclesiastés 3:1

Acordemonos que en la generación de los 144 mil se cumplira la profecia de Joel 2:28 y 32:

"*²⁸ Y después de esto derramaré mi Espíritu sobre toda carne, y profetizarán vuestros hijos y vuestras hijas; vuestros ancianos soñarán sueños, y vuestros jóvenes verán visiones*".

"*³² Y todo aquel que invocare el nombre de Jehová será salvo; porque en el monte de Sion y en Jerusalén habrá salvación, como ha dicho Jehová, y entre el remanente al cual él habrá llamado*".

El libro de Enoc prédica sucesos que ya tuvieron su cumplimiento, y otras que todavia están por cumplirse. También explica otros acontecimientos de los cuales la Biblia no da detalles, sobre todo el suceso de los gigantes del tiempo de Noé de Génesis 6. Repite profecías del Apocalipsis, Daniel, y de otros profetas. Esas son las razones fundamentales por las que el libro está siendo aceptado cada vez más por líderes Cristianos.

El tema del Libro de Enoc trata de la naturaleza y los hechos de los ángeles caídos con su relación a Génesis el capítulo 6, y que tanto enfureció a los Padres Eclesiásticos posteriores que uno de ellos, Filastrio, lo condeno abiertamente como herejía[18]. Tampoco los rabinos se dignaron de dar crédito a la enseñanza del libro sobre los ángeles caídos. El Rabino Simeon ben Jochai en el 2º siglo d. de J.C. pronuncio una maldición sobre aquellos que creyeran los escritos del libro[19]. Luego después el libro fue denunciado, prohibido, blasfemado, sin duda quemado y triturado - y por último, desaparecido (y cómodamente olvidado) durante mil años.

---

[18] Filastrio, Liber de Haeresibus, el No 108
[19] Delitzsch, p. 223

Pero con una extraña persistencia, el Libro de Enoc encontró su camino nuevamente a la circulación hace dos siglos.

En 1773, los rumores de una copia sobreviente del libro inclinaron al explorador escocés James Bruce a Etiopía. Verdadero a sus rumores, el Libro de Enoc había sido conservado por la iglesia Etíope, que lo pusieron directamente junto a los otros libros de la Biblia. Bruce aseguró no uno, sino tres copias Etíopes del libro y regresó con ellos a Europa y a Gran Bretaña. En 1821 el doctor Richard Laurence, un profesor hebreo en Oxford, produjo la primera traducción inglesa de la obra, y el mundo moderno ganó su primera vislumbre de los misterios prohibidos de Enoc. La mayor parte de los eruditos dicen que la presente forma de la historia en el Libro de Enoc fue escrita algún día durante el 2º siglo a. de J.C. y fue popular por lo menos quinientos años. El texto más temprano Etíope fue hecho de un manuscrito griego del Libro de Enoc, cual sí mismo era una copia de un texto aun más temprano. El original fue por lo visto escrito en la lengua Semítica, ahora pensada ser arameo.

Aunque se creyó una vez ser el mensaje postcristiano (las semejanzas de la terminología Cristiana y enseñanza son asombrosos), de los recientes descubrimientos de copias del libro entre los manuscritos del Mar Muerto encontradas en Qumran, Cueva 4 en 1947 demuestran que el libro existía antes del tiempo de Jesucristo. El manuscrito hebreo más antiguo y completo del Antiguo Testamento antes de los descubrimientos en Qumran es datado alrededor de 1000 años d.J.C. Pero cuando los Manuscritos del Mar Muerto fueron descubiertas en 1947, entre ellos hubieron manuscritos del Antiguo Testamento Hebreo tan viejos como desde el tercer siglo a. de J.C. – más de un milenio más viejo que los mejores datos textuales conocidos hasta ese entonces. Por lo tanto el Libro de Enoc, es, en pocas palabras, viejo.

A pesar de sus orígenes desconocidos, los Cristianos una vez aceptaron las palabras del Libro de Enoc como la escritura auténtica, sobre todo la parte sobre los ángeles caídos (Los

Vigilantes) y su predicho juicio. De hecho, muchos de los conceptos claves usados por él mismo Jesucristo parecen directamente relacionados con términos e ideas del Libro de Enoc. Así, es difícil evitar la conclusión de que Jesús no sólo había estudiado el libro, sino también lo había respetado bastante para adoptar y explicarse en sus descripciones específicas del reino próximo y su tema del juicio inevitable[20] que descenderá sobre "los impíos" - el término más a menudo usado en el Antiguo Testamento para describir a los angeles caídos "Los Vigilantes".

Hay pruebas abundantes que Cristo aprobó el Libro de Enoc. Más de cien frases en el Nuevo Testamento encuentran precedentes en el Libro de Enoc. Otro trozo notable de pruebas de la aceptación de los primeros Cristianos del Libro se encuentra en la version Bíblica del Rey Jaime[21] en Lucas 9:35, describiendo la transfiguración de Cristo: *'Este es mi Hijo amado; a él oíd.'* Por lo visto el traductor aquí deseó hacer este verso de acuerdo con un verso similar en Mateo y en Marcos. Pero el verso de Lucas en el griego original lee: *'Este es mi Hijo, El Elegido'* (del griego eklelegmenos, literalmente 'El Elegido'): *a él oíd.* "El Elegido" es el término más significativo (se encuentra catorce veces) en el Libro de Enoc. Si, el libro en efecto fue conocido por los apóstoles de Cristo, con sus descripciones abundantes del Elegido quién debería *"sentarse sobre el trono de gloria[22]"* y *El Elegido quién debería "morar en medio de ellos"*, entonces la gran autenticidad bíblica es concordada al Libro de Enoc cuando *"la voz de la nube"* dice a los apóstoles, *"Este es mi Hijo, El Elegido[23]"* - el que es prometido en el Libro de Enoc.

El Libro de Judás nos dice en el versículo 14 que *"[14] De estos también **profetizó Enoc**, séptimo desde Adán, diciendo: Vino el*

---

[20] 1ra Pedro. 3:19-20
[21] o Rey Jacobo versión 1611
[22] 1 Enoc 55:4, Apocalipsis 4:2-3
[23] o el "Electo"; Lucas 9:35

Señor con sus santas decenas de millares", Judás también, en el versículo 15, hace una referencia directa al Libro de Enoc (2:1), donde él escribe *"para hacer juicio contra todos y dejar convictos a todos los impíos de todas sus obras impías que han hecho impíamente[24]"*. La diferencia de tiempo entre Enoc y Judás es de aproximadamente 3400 años. Por lo tanto, la referencia de Judás al Enocquino prédicta fuertemente y nos inclina hacia la conclusión que lo que éstos escritos profetiza estaban disponibles a él en ese entonces.

Los fragmentos de diez manuscritos de Enoc fueron descubiertos entre los Manuscritos del Mar Muerto. Los pergaminos famosas realmente comprenden sólo una parte de los descubiertos en Qumran. La mayoria del resto de la literatura en Cueva 4 era Enocquina; i.e., copias del Libro de Enoc 1, y otros trabajos en la tradición de Enoc, como el Libro de Jubileos (Jubilees). Con tantas copias alrededor, los Essenes bién pudieron haber usado las escrituras Enocquinas como un misal comunitario o el manual del profesor y texto de estudio. El Libro de Enoc también fue usado por escritores no canónicos (es decir imaginarios o "escondidos"). El autor de la Epístola de Barnabas cotiza el Libro de Enoc donde es llamádo "la Escritura", un término que expresamente denota la Palabra inspirada de Dios[25]. Otras obras llamadas imaginarios que reflejan el conocimiento de la historia de Enoc y de los Vigilantes, son notablemente los Testamentos de los Doce Patriarcas y el Libro de Jubileo (Jubilee). Muchos de los Padres Eclesiásticos de la era temprana también apoyaron las escrituras Enocquinas. Justino el Martir asignó todo el mal a demonios que él alegó ser los descendientes de los ángeles caidos que fracasaron por la lujuria por mujeres (de Ibíd.) - directamente refieriendose a las escrituras Enocquinas. Atenágoras de Atenas, quien escribio su obra *"Legatio"*[26] aproximadamente 170 d.J.C., declaro respeto a Enoc

---

[24] Deuteronomio 33:2; Judas 14-15
[25] Epis. de Barnabas 4:3, 16:5,6
[26] "Legatio pro Christianis"

como un verdadero profeta. Él describe a los ángeles que *"violaron tanto su propia naturaleza como su propio hogar"*. En sus escrituras, él entra en detalle sobre la naturaleza de algunos de los ángeles caídos y la causa de su caída, que viene directamente de las escrituras Enocquinas.

Muchos otros Padres Eclesiásticos como: Tatiano (110-172); Iraneo, el Obispo de Lyón (115-185); Clemente de Alejandría (150-220); Tertuliano (160-230); Origenes–el padre de la Teología (185-254); Lactantio (260-330); además de: Metodio de Filipo, Minucius Felix, Comodiano y Prisciliano, y también Ambrosio de Milan aprobaron y apoyaron las escrituras Enocquinas.

El descubrimiento en el siglo veinte de varios textos Enocquinos en arameo entre los Pergaminos del Mar Muerto urgió al erudito J.T. Milik a compilar una historia completa de las escrituras Enocquinas, incluyendo traducciones de los manuscritos arameos. El libro de Milik de 400 páginas fue publicado en 1976 por Oxford[27] y fue un gran paso exegético Enocquino. Milik mismo es sin duda uno de los expertos más capaces sobre el sujeto. Sus opiniones, son basadas por años de investigación a fondo, y son muy respetadas. Enoc I y II profetizan el advenimiento del Mesías, y confirma que Dios es el Señor del Sábado[28]. Uno tras otro los argumentos contra el Libro de Enoc se desvanecen. El día puede llegar pronto cuando las quejas finales sobre el Libro y de la carencia de Enoc de la historicidad "y de su tardía fecha" también se harán callar por nuevas pruebas de la verdadera antigüedad del libro.

Durante mucha investigación y ferviente estudio, el Espíritu me condujo al Libro de Enoc y al siguiente 2 Enoc. Los admito como

---

[27] J. T. Milik, editor y traductor, los Libros de Enoc: Fragmentos en arameo de la Cueva Qumran 4, Oxford: Clarendon Press, 1976

[28] Génesis 2: 1-3, Exodo 20: 8 – 11, Levitico 23: 32, Nehemías:13:19, Marcos 2:23-28, Lucas:23:54, Isaías:58:14, Isaías:66:22,23, Ezequiel 20:12, 20

regalos de carácter Divino. Como Cristiana y un ser humano inquisitivo e indagador me maravilla toda amplitud sobre la creación, nuestra existencia y el plan de salvación de Dios; y sobre todo por qué el pecado es tan desenfrenado en este mundo y cuales son las maquinarias invisibles que nos afectan. Con frecuencia leemos nuestras Biblias y entendemos el mensaje a simple vista y nos edificamos, pero siempre esos mismos escritos denotan mensajes exponencialmente mucho mas elevados de lo que a la superficie a veces entendemos.

En una época muy difícil de mi vida, acepte el llamado del Espíritu Santo de profundizar mi conocimiento Biblico y raíces Cristianas, y así embarque en una investigación de las escrituras Enocquinas escudriñando, preguntando y buscando mas respuestas a las que ya tenia. Clame al Señor y el me respondió: "*³Clama a mí, y yo te responderé, y te enseñaré cosas grandes y ocultas que tú no conoces*" Jeremias 33:3. Este ungimiento elevo mi sentido espiritual e ilumino mi conciencia Bíblica de las fuerzas cósmicas que nos rodean diariamente. Mi bosquejo me condujo a diferentes niveles reveladores, algo así como la peladura de una cebolla capa por capa, lágrima por lágrima, pregunta por pregunta, respuesta por respuesta, revelación por revelación, prueba por prueba, instrucción por instrucción y reprueba tras reprueba.

No es imprescindible, para la salvación tener la vista de que si son o no son ángeles caídos los personajes de Génesis 6. Aunque para muchos que experimentan ataques extraordinarios de fuerzas negativas y no pueden explicarse el porque, este libro te ayudara a tener una conciencia mas amplia y una visión periférica de las maquinaciones del enemigo ("*para que Satanas no gane ventaja alguna sobre nosotros; pues no ignoramos sus maquinaciones*" 2 Corintios 2:11). Debemos de conocer como estas maquinaciones en realidad afectan al ser humano sin uno poder ver lo que esta detrás de la cortina, ya que somos miopes por el pecado. Durante el transcurso de esta composición el azote y la tribulación del enemigo a esta servidora fue cruente, incesante, feroz e imaginable, mas "*El que habita al abrigo del Altísimo morará bajo la sombra del Omnipotente".* Dios me cubrio con sus plumas, debajo de sus alas estoy segura porque Escudo y adarga es su verdad (Salmo 91). Dios es el Todopoderoso (El Shaddai), El Elyon Adonai (Altísimo Señor) y El Kadosh (Santísimo): ¿Aunque rujan las tempestades, a quien pues he de temer?

Como Cristianos siempre debemos de tener en cuenta que la "realidad virtual"[29] en la que a veces nos encontramos cuando en situaciones oscuras e inciertas, son solo espejismos del enemigo para divagar nuestra fe y certeza de nuestra verdadera "realidad Cristo-Centrica". Por muy negra que luzca cualquier situación, debemos siempre saber que todo esta bajo el control y el gobierno del Dios Soberano. Por la transgresión del hombre su naturaleza brillante fue retirada de el; y no se le fue permitido que viera la divinidad lejana, sólo lo que esta cerca a mano; a la capacidad de la carne. ¿Que es la oscuridad? Leamos: *[7]Entonces Adán se levantó en la cueva y dijo, "O Dios, por qué se marchó la luz de nosotros, y la oscuridad está sobre nosotros? ¿Por qué nos haz abandonado en esta larga oscuridad? ¿Por qué nos envías esta plaga"?¿ "[8]y esta oscuridad, O Señor, dónde estaba ella antes de que nos encontrara? Es tal, que no podemos vernos el uno al otro". "[9]Puesto que mientras estábamos en el jardín, nunca ni vimos, ni hasta sabíamos que era la oscuridad. Y nunca fui escondido de Eva, tampoco ella de mí, hasta ahora que ya no puede verme; y ninguna oscuridad nos encontró allí, y no nos separarnos el uno del otro". "[10]Pero ella y yo estábamos en un manto de luz brillante. La vi y ella me vio. Mas ahora que entramos en esta cueva, la oscuridad nos ha encontrado, y nos ha*

---

[29] La **Realidad Virtual** o **Virtual Reality** es un sistema o interfaz informático que genera entornos sintéticos en tiempo real, representación de las cosas a través de medios electrónicos o representaciones de la realidad, una realidad ilusoria, pues se trata de una realidad perceptiva sin soporte objetivo, sin red extensa, ya que existe sólo dentro del ordenador. Por eso puede afirmarse que la realidad virtual es una pseudorrealidad alternativa, perceptivamente hablando. El mismo engaño usa Satanás con los justos. Parecido en contexto con la realidad virtual e "ilusoria" que uso con Adán y Eva "seréis como Dios" Génesis 3:5.

separado en pedazos, de modo que yo no la veo, y ella no me ve".³⁰ y "¹ENTONCES cuando Dios, que es misericordioso y lleno de compasión, oyó la voz de Adán, Él le dijo:--" "²O Adán, mientras que el ángel bueno era obediente a Mí, una luz brillante descansaba en él y en sus anfitriones". "³Pero cuando él transgredió Mi mandamiento, lo privé de aquella naturaleza brillante, y él se hizo oscuro". "⁴y cuando él estaba en el cielo, en los reinos de la luz, él nada sabía de la oscuridad". "⁵Pero él transgredió, y lo hice caer del cielo sobre la Tierra; y fue esta la oscuridad que lo encontró". "⁶y sobre ti, O Adán, mientras estabas en Mi jardín y eras obediente a Mí, también el manto brillaba en ti". "⁷Pero cuando oí de la transgresión tuya, te privé de aquella luz brillante. Mas aún, por Mi piedad, no te convertí en oscuridad, pero convertí tu cuerpo en carne corruptible, sobre la cual extendí esta piel, a fin de que puedieras aguantar el frío y el calor". "⁸Si yo hubiera dejado que Mi ira pesada cayera sobre ti, yo debíera de haberte destruido; y si te hubiese convertído en oscuridad, habría sido como si te hubiera matado". "⁹Pero en Mi piedad, te he convertido en lo que eres; cuando transgredistes Mi mandamiento, O Adán, te expulsé del jardín, e hice que venieras a esta Tierra; y te ordene que moraras en esta cueva; y la oscuridad callo sobre ti, igual que callo en el ángel cuando transgredio Mi mandamiento". "¹⁰Así, O Adán, te ha engañado la noche. Pero no durara para siempre; sólo sera por doce horas; cuando se termine, la luz del día volverá".³¹

Aprendamos lecciones valiosas de las múltiples experiencias y sufrimientos longevos de Adán y Eva, porque ellos vivieron mas de 900 años³². ¿Quien mas que ellos, con la excepción de nuestro amado Jesús, conoció mas sufrimiento que estos dos seres? Los azotes de la vida que hoy sufrimos a los 40, 50, 60, 70 años y hasta los mas robustos de 80 años no tienen comparación. Ellos no eran

---

³⁰ El Primer Libro de Adán y Eva 12:7-10
³¹ El Primer Libro de Adán y Eva 13: 1-10
³² Génesis 5:5

autosuficientes, mas aún fueron expulsados del Edén y tuvieron que aprender a depender de Dios para todo. Ellos no eran adiestrados ni tenian el conocimiento o las comodidades como hoy en día las tenemos nosotros. Mediante el sufrimiento y el arrepentimiento de sus pecados, Adán y Eva llegarón a la santificación. De igual manera Dios permite que nosotros seamos santificados por medio de tribulaciones, en constante comunión y dependencia de Él. Él quiere que nos volvamos perlas luminosas[33], por la irritación que recibe nuestra alma por causa del sufrimiento y que nos conduce a la esplendorosa metamorfosis de la santificación. Dios quiere que seamos dependientes a su voluntad, especialmente cuando esa "oscurida" engañosa nos encuentra, la noche, que es terrenalmente efímera y siempre sale el sol.

El espejo tiene dos caras. Veamos siempre el rostro de Cristo y el de la Viva esperanza que se nos refleja en el espejo. Pronto, muy pronto, esas falsas escenas de oscuridad desvanecerán de nuestras vidas para siempre, sin mas llanto, ni mas dolor. Para llegar a ser uno de los 144 mil, tendran que purgar vuestras almas de toda mancha y pecado. Llegar a la plena santificación. ¿Como obra Dios para que teológicamente alcancemos la santificación? Lo hace pasándonos por el crisol, por el horno de la maxima temperatura como Sadrac, Mesac y Abed-nego, y a veces hasta situándonos casi que en la misma boca del león como Daniel. Los justos tendrán que vivir por la fe, ya que llegara el momento cuando no tendrán Mediador. Los 144 mil siempre deben de recordar que la "realidad virtual" durante la gran tribulación, aunque sea humanamente visible y factual sera una realidad efímera e ilusoria, ya que espiritualmente las fuerzas divinas e incorporeas te aplumarán por toda la trayectoria del tiempo de

---

[33] Las perlas se producen cuando un objeto microscópico irritante, como un grano de arena, o alguna piedra marina se atrapa dentro de los pliegues de capa del molusco u ostra. Los que pasen por las doce puertas de las tribu de Israel en la nueva Jerusalén; que cada una es hecha de una sola y grandiosa perla, habrán tenido experiencias parecidas de sufrimiento y de gran tribulación terrenal. Apocalipsis 21:21

Jacob hasta ganar la victoria, cuando los cielos se abrirán y el destello de vuestro gran Príncipe Miguel-Cristo Jesús los libere de la oscuridad por siempre jamas. ¿Estas pasando por pruebas tan, pero tan fuertes que te están conduciendo desde la justificación por la sangre de Cristo hacia la santificación? ¡Aleluya! ¡Dadle Gloria al Altísimo por ellas, por que ellas te llevaran a la glorificación delante del Trono del Dios Divino! Prestemos atención a las preciosas palabras y promesas de Jesús, del famoso compositor y autor J.P. Simmonds:

"Quiere, el Maestro salvarte, tu llanto enjugara; promete nunca dejarte, defensa fiel será. Ven, pues, va el día volando; no andes más suspirando ni te detengas llorando: tus males Jesús quitará; tus males Jesús quitará".[34]

¿Te ha llevado el Señor por un viaje de 20,000 ligas debajo del mar? O, tal vez, el viaje no acabe allí, sino que con duras pruebas estas traspasando el fondo del mar hacia el corazón de la Tierra donde se encuentra una bola de cristal de hierro. En este ambiente, el calor es mayor que la superficie del sol. Si vives esta experiencia ahora en tu vida, el Señor prueba tu carácter y te moldea con el crisol y endurece tu fe haciéndola solida como el hierro. Debes de considerar esta experiencia tu bautismo de fuego. El Señor te reserva para su obra a su tiempo.

Hermanos, el tiempo se nos acerca y el dia está a mano, Dios está escogiendo y preparando a su ejercito humano para el tiempo del fin. Hoy Elohim prueba tu fe y tu firmeza de carácter y amor hacia Él, igual que lo hizo con Job y lo hace con tribulaciones criticas, porque las que te seguirán no tendrán comparación. Tu fe y tu conciencia espiritual deben de prepararse desde ahora de **NO SER MOVIDAS.** No te agobies con pruebas que luzcan negras, infinitas e insolucionables, Dios te esta graduando de rango para su ejercito de 144 mil. ¿Haz oído el llamado? Los 144 mil deberán de

---

[34] Huye cual Ave a tu Monte – J.P. Simmonds, himnario Adventista #128

caminar con Dios como lo hizo Enoc, como justos: hombres, mujeres, jovenes, ancianos, niños y niñas.

Ruego que el contenido de este libro te acerque mas a Dios y que sea una guia de preparación para los días de gran tribulación venideros como jamas nunca antes[35], cementando tu fe y convicción para siempre cuando los justos abandonen todo concepto terrenal y fijen sus ojos solo en lo Divino, Cristo Jesús.

Que la Bendición del Padre, y del Hijo y del Espíritu Santo sea con vosotros.

Amén

---

[35] Mateo 24

Los Hijos de Dios de Genesis 6

NEPHILIM

² Viendo los hijos de Dios que las hijas de los hombres eran hermosas, tomáronse mujeres, escogiendo entre todas.

³ Y dijo Jehová: No contenderá mi espíritu con el hombre para siempre, porque ciertamente él es carne: mas serán sus días ciento y veinte años.

⁴ Había gigantes en la Tierra en aquellos días, y también después que entraron los hijos de Dios á las hijas de los hombres, y les engendraron hijos: éstos fueron los valientes que desde la antigüedad fueron varones de nombre. **Génesis 6: 2-4**

El tema acerca del Nephilim[36] es uno de los grandes rompecabezas de la Biblia.

La pregunta acerca de la definición de hijos de Dios en Génesis 6 siempre provoca mucha controversia. ¿Habran realmente co-hábitado ángeles caidos con la gente, o eran ellos los descendientes piadosos de Set que tomarón mujeres de la línea impía de Caín?

Ha sido la opinión de la mayoría de Rabinos que este acontecimiento realmente había ocurrido, y que ellos eran en efecto ángeles caidos (Nephilim). Fuentes rabínicas antiguas, y los traductores de la Septuaginta en el 3° siglo antes de Cristo sostuvieron esta vista. La iglesia temprana estuvo de acuerdo con esta vista casi hasta los finales del 4° siglo. Justino, Cipriano,

---

[36] Pronunciado "*Ne-fe-lim*". El Nephil significa el caído, (im al final de cualquier palabra hebrea lo cambia al plural, nephilim-caídos.)

Atenagoras, Eusebio, también Flavio Josefo[37] y Filón de Alejandria[38] aceptarón esta vista tradicional. Mientras no deberíamos dejar que la tradición sea la palabra final, se dice, que en asuntos doctrinales podemos aprender de sus declaraciones y por qué ellos consideraron esa vista. Se especula que esta vista se pudó haber cambiado y muy bién podría haber sido por una vista anti sobrenatural.

Hoy hay muchos eruditos conservadores que concuerdan con la vista de que fueron ángeles como, M. R. DeHaan, C. H. McIntosh, Dr. Arnold Fruchtenbaum, F. Delitzsch, A. C. Gaebelein, A. W.Pink, Donald Grey Barnhouse, Henry Morris y Chuck Smith. Mientras no interpretamos la Biblia debido a sus vistas, es de beneficio conocer por qué ellos llegaron a estas conclusiones.

La palabra hebrea para "hijos de Dios" es "Bene elohim" (בני האלהים "b'nei ha-'elohim"). Este término para ángeles ocurre cuatro veces en el Antiguo Testamento en la Septuaginta[39] (la traducción griega de las escrituras hebreas de los setenta) y significa que siempre es usada para "ángeles de Dios", nunca del hombre. La mayor parte de eruditos creen que este acontecimiento describe una unión entre ángeles caídos quienes co-habitaron con hembras humanas. Este acontecimiento poco natural de combinar dos especies diferentes causó descendientes de lo que es llamado 'gigantes' en las versiones bíblicas como las del Rey Jaime[40] y de la Reina Valera (con todas sus ediciones).

Estudié el texto de Génesis 6:4 en 15 diferentes versiones

---

[37] Historiador judio, nació alrededor del año 37 d.C, autor de "Antigüedades Judías". Historia de los ángeles caídos - Antigüedades Judías, Libro 1, 3:1
[38] Judeaus
[39] "Septuaginta" significa "setenta" en el latín y se deriva de una tradición que setenta y dos eruditos judíos (setenta siendo el número redondo más cercano) tradujeron el Pentateuco y (Tora). Seis hombres de cada una de las doce tribus de Israel (6 x 12 =72).
[40] Jacobo o a veces Santiago

populares Bíblicas y descrubi que de las 15 versiones,10 de ellas usan las palabras "Nephilim o los caidos". La palabra "Nephilim" es usada en la versiónes Bíblicas "Nueva Estándar Americana"[41], "Nueva Versión del Siglo"[42], "Holman Estándar Cristiano"[43], "Nueva Versión Internacional de Hoy"[44], "La Nueva Versión del Lector Internacional"[45], "Nueva Traducción Viva"[46] y "Nueva Versión Internacional".[47] Leamos la version Bíblica "Inglesa Contemporánea"[48] y como hace uso de la palabra "Nephilim" que en ingles lee:

"[4]*The children of the* **supernatural beings** *who had married these women became famous heroes and warriors. They were called* **Nephilim** *and lived on the earth at that time and even later"*.

Traducido al español lee:

"[4] *Los hijo de los seres* **sobrenaturales** *que se habían casado con esas mujeres se hicieron héroes famosos y guerreros. Ellos fueron llamados* **Nephilim** *y vivieron en la Tierra en ese entonces y aún hasta despues"*.

La Versión Biblica Estándar inglesa[49] lee:

"[4]*The Nephilim were on the earth in those days, and also afterward, when the sons of God came in to the daughters of man and they bore children to them. These were the mighty men who were of old, the men of renown"*.

---

[41] New American Standard Bible (NASB)
[42] New Century Version Bible (NCV)
[43] Holman Christian Standard Bible
[44] Today's New International Version Bible
[45] New International Reader's Version Bible
[46] New Living Translation Bible
[47] New International Version Bible
[48] Contemporary English Version Bible
[49] English Standard Version Bible

Traducido al español lee:

"⁴*Los **Nephilim** estaban en la Tierra en aquellos días, y también después, cuando los hijos de Dios entraron a las hijas de hombre y ellas le parieron hijos. Éstos eran los hombres fuertes de antaño, los hombres de renombre".*

En la versión Bíblica "La Traducción Literal de Young"[50] en vez de mencionar la palabra "Nephilim" o "hijos de Dios" en Génesis 6:4 menciona *"the fallen ones"* que significa en español *"los caídos"* referente a los ángeles caídos. La palabra Nephilim tambien se encuentra en la traducción inglesa de Génesis 6:4 del texto Judeo-Masorético[51].

Las otras 5 versiónes Bíblicas que estudie que usan las palabras "gigantes o personas grandes" son las versiones del "Rey Jaime"[52], la version "Reina-Valera", la version Biblica "Traducción de Darby"[53], La version Biblia "Amplificada"[54] y la version Biblica "El Mensaje"[55].

¿Ahora nos preguntamos porque nunca hemos leído la palabra "Nephilim" en nuestras versiones Bíblicas en español? La respuesta es simple, ninguna versión Bíblica castellana usa la palabra Nephilim, en vez la palabra es sustituida por "gigantes". Al no conocer la palabra y su definición, o poder leer las versiones inglesas de la palabra hebrea orginal "Nephilim", es imposible que la encontremos en la Reina-Valera. La traducción castellana y versión que mas se acerca al verdadero significado de quienes eran los "hijos de Dios" de Génesis 6:4 y su relación con los gigantes la

---

[50] Young's Literal Translation Bible
[51] El texto de ben Asher. El texto tradicional del Antiguo Testamento que ha llegado hasta nosotros se conoce como Texto Masorético.
[52] King James Bible (todas las versiones)
[53] Darby Translation Bible
[54] Amplified Bible
[55] The Message Bible

encontramos en la Nueva Versión Internacional y lee:

"4 *Al unirse los hijos de Dios con las hijas de los seres humanos y tener hijos con ellas, nacieron gigantes, que fueron los famosos héroes de antaño. A partir de entonces hubo gigantes en la Tierra".*

Es obvio que "los hijos de Dios" en esta versión son ángeles caídos, ya que hace pauta entre el "ser humano y los hijos de Dios". Si estos hijos de Dios hubiesen sido los hijos piadosos de Set que se co-mezclaron con las hijas impías de Caín, el texto no hubiese hecho distinción entre "los hijos de Dios" y los "seres humanos" ya que ambos Cain y Set eran hijos de Adán, el hombre. Cabe mas que la probabilidad de que Caín pudó haber amalgamado su ADN[56] con alguna bestia y que algunos de sus descendientes fueron híbridos, pero el texto aquí implica claramente que las hijas de los "seres humanos" se unieron con "los hijos de Dios". Esas hijas no aparentaban ser híbridas hasta ese momento. Es importante que sepan que en la versiones inglesas de casi todas las Biblias, la traducción de las palabras "los hijos de Dios" del AT es "sons of God" (verse nota de pie N° 57 - muy importante).

Aquí pasaremos por los pros y los contras de cada vista y pesaremos pruebas para ver qué vista aprovecha al máximo el sentido Bíblico de las dos interpretaciones principales ya sean que *"los hijos de Dios"* son la línea piadosa de Set (Setitas) o sean la otra vista que consiste en que ellos son ángeles caídos. Ya que no es ninguna solución fácil o hay respuestas rápidas a esta pregunta, ambas vistas tienen puntos fuertes y débiles y el consenso esta dividido. El principal argumento Bíblico acerca de que *"los hijos de Dios"* de Génesis 6, no pueden ser ángeles se basa por la escritura en Mateo 22:30 cuando Jesús describe a los ángeles Santos en el cielo y como no se casan, ni reproducen según su propia clase. Este argumento propone que los hijos de Dios

---

[56] Ácido DesoxirriboNucleico (conocido en ingles como DNA)

mencionados en Génesis 6:2 y 4 debieron ser los humanos porque una unión sexual entre ángeles y seres humanos es imposible y se inclina hacia la mitología griega. Ya que se cree que los ángeles son asexuado y esta terminología podría referirse fácilmente a hombres piadosos.

La objeción principal entonces consiste en que los ángeles no se reproducen sexualmente, sin embargo si miramos el verso con más cuidado oímos a Jesús declarar que los ángeles de Dios en el **cielo** ni se casan, ni son dados en el matrimonio. Él da una posición específica, que nos da sólo dos alternativas. ¿A causa de donde ellos están localizados esto es una imposibilidad funcional, o que él se refiere a sólo los ángeles que obedecen a Dios no se casan? De los dos caminos abre la posibilidad de que la co-habitación y amalgama corrupta ocurrió en la Tierra con los ángeles caídos que fueron desobedientes a Dios.

Lo que Mateo 22:30 dice expresamente es que los ángeles no se casan. El matrimonio fue dado para generar un nuevo descendiente. Los ángeles no tienen la capacidad de procrear entre sus propias especies. Ellos pueden o no ser asexuado, aunque ellos están en una forma de espíritu invisible ellos son imaginados como masculino[57], con nombres masculinos como Miguel, Gabriel etc. También son llamados los "hijos" de Dios no "hijas". Cuando ellos se hacen visibles ellos aparecen por lo general como hombres jóvenes. Dios hizo una cantidad innumerable de ángeles simultáneamente, él no sigue creándolos, por lo tanto ellos nunca aumentan o disminuyen del número inicialmente creados. Mas el ser humano si tiene la capacidad de procrear, algo muy codiciado por Satanás y también muy a menudo manipulado por el.

Encontramos en las escrituras que los ángeles tienen la capacidad

---

[57] En ingles "Sons of God" significa "Hijos de Dios" del AT y es aplicado al género "masculino". Hay una gran diferencia de como somos llamados "hijos de Dios" en el Nuevo Testamento, ya que esa traducción es plural para hombre y mujer y se traduce "children of God" sin relación a género.

de aparecer como hombres aunque ellos sean criaturas de espíritu. Ellos son capaces de realizar numerosas funciones humanas como comer el alimento como en su encuentro con Abraham en Génesis 18. Ellos son capaces de realizar otras funciones corporales también, y pueden andar y hablar entre nosotros de tal modo que podemos no ser conscientes de ellos a menos que ellos revelen quienes en realidad son, leemos en Hebreos 13:2: "*No olvidéis la hospitalidad, porque por ésta algunos, sin saberlo, hospedaron ángeles*".

Los ángeles que vinieron para advertir a Lot se aparecieron en la ciudad como hombres y fueron acosados para el uso homosexual por los "hombres" de Sodoma. Los ángeles son también capaces de realizar los planes de Dios en la Tierra suministrando el alimento para el hombre[58]. Ellos son capaces de ejecutar el juicio de Dios[59], y infligir el castigo sobre los actos del hombre[60]. Parece haber algún cambio de sustancia que ocurre en la Tierra que ellos pueden hacerse físicos, al contrario de su naturaleza original. ¿Por lo tanto, si ellos son capaces de poseer un cuerpo de un hombre y pueden comer y realizar otras funciones, entonces por qué no otras capacidades?

Tengamos en cuenta que como mismo los angeles santos se nos pueden aparecer para el bién, igualmente los angeles caídos tienen la capacidad de encarnar y aparecer como humanos para hacer maldad, pero tambien pueden aparecer como ángeles de luz[61] para intentar descarriar hasta los justos si le fuese posible[62]. ¿Has tenido alguna vez alguna mala experiencia con algún desconocido que se ha desenlazado en un azote hostil y completamente inesperado u inmerecido y te has preguntado el por que? Satanás y sus ministros están furiosos con el pueblo de Dios. Están como leones rugientes

---

[58] 1 Reyes 19:5-7 Mt. 4:11
[59] Apocalipsis 7:1, 14:17
[60] Ezequiel 9:1-8; 12:23
[61] 2 Corintios 2: 11; 11:13-15
[62] Mateo 24:24

porque saben que les quedan poco tiempo.[63] Satanás, el líder de los caídos fue un "hijo de Dios" pero en su forma actual es un Nephilim de la naturaleza mas oscura. El tomo el cuerpo de una serpiente para efectuar la caída del hombre. Al ejecutar la caída del hombre quizó apoderarse de la Tierra y del destino humano; pero tomar el cuerpo de una serpiente no fue su único plan de destrucción. Que quede bien claro en sus mentes que ya Satanás y sus anfitriones caídos ya no son ángeles, y se han convertido en otra grotesca naturaleza.

El término "hijo de Dios" nunca es usado en el Antiguo Testamento para referirse al hombre, sino que sólo fue usado para denotar a ángeles[64]. La única excepción o similitudes es cuando Nabuconodosor hablo acerca del quién estaba en el fuego con Sadrac, Mesac, y Abed-nego, *"semejante a hijo de los dioses"*[65]. Esto fue escrito en arameo y él declaraba probablemente desde su perspectiva pagana. Por lo general cuando Jehová se refería a los justos en el Antiguo Testamento la palabra mas usada era "mi pueblo"[66] o "Israel" y aun el pueblo de Israel no se quedo del todo "justo".

---

[63] Pedro 5:8
[64] Job 1:6, 2:1, 38:7
[65] Daniel 3:25
[66] Éxodo 8: 1, Levítico 26: 12; Números 21:2; Deuteronomio 7:6; Josué 1: 2; Jueces 2: 7 ; 1; Rut 1:16; 1 Samuel 9:16; 2 Samuel 7:10; 1Reyes 16:2; 2 Reyes 20:5; 1 Crónicas 17: 9, 2 Crónicas 7:14; Esdras 1:3; Nehemías 9:32; Ester 7:3; Salmos 81:13; Cantares 2:7, Isaias 40:1; Jeremias: 23, 32; Lamentaciones 1:7; Ezequiel 13: 9-10; Daniel 9:20;Oseas 4:6; Joel 2: 26, 27; Amós 7: 8; Abdías 1:13; Jonás 1: 7 y 8; Miqueas 3: 5, Habacuc 3:13; Sofonías 2:10; Hageo 1:2; Zacarías 2: 11, Malaquias 2:7; Cantares 2:7 hace mención de las hijas de Jerusalén *"doncellas de Jerusalén"*. Y Nahum habla de "Jacob", "Israel" y "Juda" para describir al pueblo de Dios. Génesis, Job y Proverbios denotan a los hijos de Dios como los ángeles.

Los hijos de Dios en el AT

Estudie el Antiguo Testamento para hallar alguna referencia donde Dios llama y/o identifica a los justos "hijos de Dios". Y que los "hijos de Dios" de Génesis 6: 2 y 4 son solo los "justos". De los 39 Libros del AT, 36 de ellos hacen uso de las palabras usuales "mi pueblo" o "Israel" etc., para referirse a los justos, pero no los llama "hijos de Dios", con alguna excepcion como el Salmista en el Salmo 2:7 refiriendose a Cristo como su Hijo unigénito el cual merece toda la honra y adoración. Pero en el Salmo 82:1, 5- 7 leemos: *"¹ Dios está en la reunión de los dioses; En medio de los dioses juzga. ⁵ No saben, no entienden, Andan en tinieblas; Tiemblan todos los cimientos de la tierra. ⁶ Yo dije: Vosotros sois dioses, Y todos vosotros hijos del Altísimo;⁷ Pero como hombres moriréis, Y como cualquiera de los príncipes caeréis."* ¿A que "dioses" se refiere Dios aquí, porque los hombres no son dioses? ¿Son estos jueces o hombres terrenales? Pueden que sean los dos, pero el texto hace distinción entre estos "dioses" y el "hombre" y como estos dioses morirán también como los hombres e igual caerán como cualquier príncipe de la Tierra. Dios habla aquí de los ángeles caídos que no son de carne ni de hueso, sino de espíritu sobrenatural haciendo el juicio impío con sus maquinaciones encontra de los moradores justos de la Tierra, y como de igual manera serán juzgados ellos. Y los llama *"vosotros sois dioses, y todos vosotros sois hijos del Altísimo"*. Hijos del "Adonai" nuevamente una conexión directa con Elohim-Dios y no del ser humano. ¿Hay alguna mención en la Biblia donde Adonaí declara directamente al hombre un "dios"? Satanas se cree un dios, y también le dijo a Eva en el jardín *"serán abiertos vuestros ojos, y seréis como Dios"* Génesis 3:5. Parece que esa posición de "dioses" inferiores se refiere a ángeles creados segun su orden por el "Dios" superior y fue una asignación a las huestes celestiales, y no al hombre. Por lo tanto, Satanás usa esa tentativa para engañar a Eva. Encontré también, otros tres libros del AT que hacen referencia a "hijos de Dios". Ellos son Génesis, Job y Oseas. La primera mención ya la hemos estudiado y se encuentran en Génesis 6: 2 y 4. La segunda la encontramos en el libro de Job y menciona a "los hijos de Dios" aludiendo a los ángeles cuando el creo los cielos y la Tierra[67].

Y la tercera mención se encuentra en Oseas y es un relato muy intersante. Es muy significativo cuando Dios le dice a Óseas que se case con una prostituta (una mujer inmunda) y que de esa "union marital" saldrá un pueblo ajeno que Dios reclamaría llamándolos *"ustedes son hijos del Dios vivo"*[68]. Es una promesa de restauración y también es una profecía post-Mesianica, significando un divorcio con el antiguo Israel y un nuevo matrimonio con la Iglesia (del antiguo al nuevo testamento o de los antiguos convenios[69] con el convenio Mesiánico). Mas aun, el texto tampoco cuantifica ni ratifica de que los que serán *"llamados los hijos del Dios viviente"* son los mismos personajes de Génesis 6: 2 y 4 los llamados "hijos de Dios".

Los hijos de los hombres en el AT

Consecuentemente, en Proverbios 8:4 y 31 encuentro que Salomón hace mención *de hijos de los hombres* igual que en Eclesiastés 3:19 y 21: *"[19] Porque lo que sucede a **los hijos de los hombres**, y lo que sucede a las bestias, un mismo suceso es: como mueren los unos, así mueren los otros, y una misma respiración tienen todos[70]; ni tiene más el hombre que la bestia; porque todo es vanidad". "[21] ¿Quién sabe que el espíritu de **los hijos de los hombres** sube arriba, y que el espíritu del animal desciende abajo a la Tierra"?* Aquí Salomón generaliza sobre el ser humano y no sobre el justo o el impío. Mas obvio es aun y nos cuantifica, que si los hijos de los hombres fuesen todos impíos, ¿como es que su espíritu pudiese subir arriba? ¿O sea, resucitados para salvación después del Advenimiento si Salomón se refiriese también a los impíos?

---

[67] Job 38:3-7
[68] Oseas 1:10
[69] Los cinco grandes convenios de Jehová con: Noé, Abraham, Moisés y David – y luego con Cristo, el convenio perpetuo "Mesiánico"
[70] Génesis 2:7 y 19

"El término "los hijos de Dios" fue usado consecuentemente refiriendose a los ángeles en su estado no caídos, ellos son hijos de Dios porque ellos fueron directamente creados por él. Cuando el título "los hijos de Dios" se usa como en los pasajes de Génesis 6 y Job 1:6, 2:1, 38:7 es exclusivamente refiriendose a ángeles que tienen el acceso al trono de Dios y es una expresión común Semítica. Encontramos que cada vez que los hijos de Dios estaban presentes antes del trono de Dios (que está en el cielo), Satanás también estaba con ellos. Esto muestra que estos hijos son los ángeles y puede que los caídos estuviesen tambíen cuando Dios se dirige a Satanás como su representante cuando se reunieron. La localización de esa reunión fue en el cielo, ya que Satanás informa a Dios que él ha venido a su asamblea:

"*¹ Aconteció que otro día **vinieron los hijos de Dios** para presentarse delante de Jehová, y Satanás vino también entre ellos presentándose delante de Jehová. ² Y dijo Jehová a Satanás: ¿De dónde vienes? Respondió Satanás a Jehová, y dijo: De rodear la Tierra, y de andar por ella".* Job 2: 1-2. Y también vemos cuando Dios le pregunta a Job en su prueba en Job 38:3-7[71] "*³ Ahora ciñe como varón tus lomos; Yo te preguntaré, y hazme saber tú. ⁴¿Dónde estabas cuando yo fundaba la Tierra? Házme lo saber, si tienes inteligencia. ⁵¿Quién ordenó sus medidas, si lo sabes? ¿O quién extendió sobre ella cordel? ⁶¿Sobre qué están fundadas sus bases? ¿O quién puso su piedra angular, ⁷Cuando las estrellas todas del alba alababan, Y se regocijaban todos los **hijos de Dios**?*[72]

Job 38:7 es claramente una referencia a los ángeles unidos en la armonía cuando ellos fueron creados[73]. Fue antes de la rebelión de los ángeles. Otra vez este término se refiere a *ángeles* y no hombres. Cuando Dios creó el cielo hubo un tiempo cuando todos los ángeles

---

[72] Angeles "Bene Elohim"
[73] Génesis 1:1

fueron unidos y la armonía existió en el cielo. Ellos estaban juntos en adoración y servicio a Dios su creador y ocurrió cuando la Tierra fue primero creada antes de que el hombre estuviese en ella. Hay también el término hebreo de bene elim[74] que significa "*hijos del hombre fuerte*" y que se refiere a una clase de seres fuertes (posiblemente un sentido más general de incluir a los ángeles). Arno Clemens Gaebelein[75] (1861-1945), interpreta la designación 'los hijos de Dios' como que nunca se aplica a creyentes en el Antiguo Testamento, cuyó "adoptación" es "claramente una Nueva revelación de Testamento".[76] El Nuevo Testamento también llama a los creyentes hijos de Dios[77] pero es por adopción que no gobierna a la naturaleza (masculino/femenina)[78]. La palabra griega *teknon* significa nacidos, significando a niños que tienen una semejanza del carácter de Jesús de un nacimiento espiritual, siendo *adoptados* a su familia por lo tanto, ellos son hijos [los niños de Dios] refiriendose a los "justos". También llaman a Jesús el Hijo de Dios y es usado en un sentido singular y masculino, no en el plural como hijos que son uno de muchos, él siendo el único Hijo procreado (el único de una clase, ningún otro como él). Un hijo en las escrituras simplemente significa que el posea la misma naturaleza de algo. Los ejemplos como el hijo de Abraham o el hijo del hombre significan que uno posea la misma naturaleza que el sujeto llamado. La palabra griega para hijo que es usado para Jesús es *huios*. Es limitada exclusivamente para él, significando que él es el hijo en la naturaleza no por la adopción. Las palabras "los hijos de Dios" usadas en Génesis 6 y en el Antiguo Testamento; en hebreo "Bene Elohim", muestran que ellos son una criatura especial relacionada con Elohim (Dios), no relacionado con el hombre. Ellos no son referidos como "los hijos de Caín" o

---

[74] Salmos 29:1, 89:6

[75] Fue un ministro Metodista en los Estados Unidos de América. Fue también un profesor y un conferencista altamente respetado.

[76] A.C. Gaebelein, la Biblia Anotada (Penteteuco). p. 29).

[77] Hebreos 2: 13-14, 16; y claramente habla de la "gran nación" que saldría de Abraham, hoy en día "La Iglesia".

[78] Romanos 8:14-15; Juan 1: 10-13; Galatas 4:5; Efesios 1:5

"las hijas de Set" o aun "hijos o hijas de hombre". Mas interesante aun es que Cristo en su figura humana es también llamado "hijo del Hombre"[79], semilla del hombre Adán; siendo Cristo un segundo Adán y así representando a las dos naturalezas la del hombre y la Divina. "El Hijo del Hombre" y el "el unigenito Hijo del Dios viviente".

Regresando a Génesis 6 hay otros términos que tienen que ser considerados. Por ejemplo, el título "hijas de hombres" unos piensan que la frase " hijas de hombre" se refiere a solo las hijas de los Cainitas. Pero la frase "hijas de hombre" no menciona una tribu, sino que generaliza y es una declaración de abarcadura, sin diferencia o distinción de ninguna clase moral o espiritual[80], esto es un término general que incluye tanto a Cainitas como hembras Setitas, y se refiere a hembras de la raza humana (las hijas de Adán "*benoth*" hembras de Adán[81]) ellos eran descendientes naturales. Adán tambien es llamado hijo de hombre en Hebreos 2: 6-7: "*[6] pero alguien testificó en cierto lugar, diciendo: ¿Qué es el hombre, para que te acuerdes de él, O el hijo del hombre, para que le visites? [7] Le hiciste un poco menor que los ángeles, Le coronaste de gloria y de honra, Y le pusiste sobre las obras de tus manos*" (concordancia Salmos 8:4-6). El Libro de Jaser, mencionado en Josué 10:13 y en 2da de Samuel 1: 18 es el libro de las generaciones del hombre que Dios creo sobre la Tierra durante el día cuando el Señor Dios hizo los cielos y la Tierra. "*El Sepir Ah Yasher*", el título hebreo de este libro, significa 'el Libro de los Justos', 'el Libro del Derecho' o 'el Registro Justo o Correcto'. El Libro de Jaser cubre la mayor parte histórica y cronológica igual que los libros tradicionales Mosaicos[82] de la Biblia, acerca de la creación del mundo hasta la muerte de Moisés, aunque con algunas variaciones detallistas. El Libro de Jaser nos identifica claramente

---

[79] Mateo 16:13 y 16
[80] Hechos 10: 28, 34 y 35
[81] Hechos 17:26
[82] Pentateuco

quienes eran "las hijas o hijos de hombre" y quienes eran "los hijos de Dios". Leamos quienes eran los hijos de hombre descritos en Jaser:

*"21 Y **todos los hijos de hombre** que conocían al Señor, murieron en aquel año antes que el Señor trajera el mal sobre ellos; por que fue la voluntad del Señor que murieran; para que no contemplaran el mal que Dios traería sobre **sus hermanos y parientes**, como él había declarado hacerlo".* Jaser 5:21

El primer hijo de Set se llamo Enos, y Enos en hebreo significa "hombre". Por lo tanto todos en ese tiempo eran "hijos de hombre"[83]. El Libro de Jaser indica que toda la humanidad desde el tiempo de Caín hasta el tiempo de Noé y aun después, eran y somos "hijos o hijas de hombres" y que se refiere tanto a los hijos de Adán como a los hijos de Caín no solo a los justos[84]. O sea justos y/o impíos. Hay referencia en el libro de Jaser de que Enoc fue requerido por Dios al cielo para conducir a los ángeles o "hijos de Dios"[85].

El término Nephilim (gigantes) en Génesis 6:4 tiene una historia interesante. El Nephil significa el caído, (im al final de cualquier palabra hebrea lo cambia al plural, nephilim-caídos). Esto no necesariamente significa gigante, o monstruoso en tamaño, aunque también caen en el reino de la perspectiva, pero también alguien que posee la capacidad humana súper en fuerza e inteligencia, no siempre de estatura. Esta palabra es tomada de su palabra raíz nephal y nephel "el que piensa caerse", "aborto o inoportuno". En 250 a. J.C. los Rabinos que escribieron la Septuaginta, la traducción griega de las escrituras hebreas, cambiaron la palabra "Nephilim" a "gigante", que es la palabra que muchas de las traducciones actuales de hoy contienen (el Nephilim de gigantes

---

[83] Libro de Jaser 2: 2
[84] Libro de Jaser 2: 3-5
[85] Libro de Jaser 3:23

griego implica hombres de la Tierra nacidos de gran estatura o estatus-renombre[86]). Este fue un cambio significativo que ha oscurecido el sentido hasta hoy. Mientras unos sostienen que ellos existían todavía alrededor del tiempo de Números, los gigantes fueron especies del Nephilim. Pero no todos los Nephils eran gigantescos en tamaño, sino también en fuerza, inteligencia y capacidad. Sabemos que las únicas criaturas que sobrevivieron la inundación fueron ocho personas. Destruyendo al resto de la humanidad, postulando que otro grupo de ángeles caídos volvieron otra vez después del diluvio ya que la decendencia de Caín perecio en el diluvio, Génesis 6:4 nos dice:

*"Había gigantes en la Tierra en aquellos días, **y también después**[87] que entraron los hijos de Dios á las hijas de los hombres, y les engendraron hijos: éstos fueron los valientes que desde la antigüedad fueron varones de renombre".*

Ahora bien, pongan atención, ya que no necesariamente hablo de la primera caída ángelical de Lucifer y un tercio de sus anfitriones que pelearon con Miguel, sino de probables caídas sucesivas. Aunque indiscutiblemente Satanás es el antagonista de Dios y líder de todas las tropas caídas. La primera caída angelical fue por vanidad, y aparentemente la sucesiva fue por lujuria. Esas caídas pudieron haber sido concurrentes y no consecutivas. Aunque asciendo a que fueron consecutivas y separadas de la primera caída, porque Satanás y algunos de sus anfitriones ya habían sidos expulsados del cielo cuando el tentó a Eva y provino la sucesiva caída del hombre. La Bíblia no nos dice que quedan 66.99% de ángeles Santos, solo nos dice que hay millares de ellos. Somos nosotros lo que suponemos esa cifra por deducción del primer tercio caído. Apocalipsis nos dice que un tercio cayo con el Gran Dragón, la serpiente antigua, puede también que entre el tercio que

---

[86] Numeros 13:33

[87] Asierta que aun despues del diluvio los Nephils siguieron procreando con "hijas de los hombres" sin existir la raza de Cain.

cayo, cayeron también algunos por lujuria, aunque como nos dice Salomón todo es "vanidad de vanidades".

Solamente los "hijos de Dios" Nephilim o "ángeles caídos" pudieron sobrevivir el diluvio ya que eran seres sobrenaturales y potentes no las "hijas de los hombres" o "Cainitas" esa tribu pereció completamente en el diluvio. Por otro lado, es muy posible que pudó haber aun otra rebelión y caída de ángeles y que nuevamente proliferaron la nueva Tierra después del diluvio con descendientes como Nimrod. El libro de Jaser nos dice que la maldad de Nimrod fue peor que la de todos los malvados antediluvianos. *"Y toda la Tierra era de una lengua y de palabras unísonas, pero Nimrod no siguio los caminos del Señor, y él era más malvado que todos los hombres que fueron antes que él, desde los días del diluvio hasta aquellos días"*. Jaser 7: 46. Prácticamente todas las prácticas paganas tienen sus principios en la ciudad de Babilonia durante el tiempo de Nimrod. Nimrod era el bisnieto de Cam[88], el hijo de Noé[89]. El fue el fundador de Babilonia procediente de los Canaanitas o Cananeos[90]. Nimrod formó ciudades en vez de salir y poblar la Tierra como Dios había ordenado a Noé que hiciera.

Uno de los logros de Nimrod fue de construír la torre de Babel. Unos creen que él hizo esto para proteger a los impíos de la amenaza potencial de otra inundación de Dios. Las escrituras revelan que Nimrod era *"un cazador virgoroso delante del Señor"*[91]. La palabra "delante" es mejor traducida como "contra" y está claro que él fue el primer dictador post-diluviano. El nombre "Nimrod" es traducido de la palabra hebrea "marad" y literalmente significa "que él se rebeló". Las tradiciones antiguas en cuanto a

---

[88] o "Ham" el padre de los Canaanitas (Génesis 9: 22 y 25). Cam se burlo de la desnudez de su padre Noé en el arca y Noé lo maldijo.
[89] Génesis 10:6-8
[90] esparcidos a Etiopia, Canaan, Libia y Egipto (Génesis 10:6)
[91] Génesis 10:9

este líder falso muestran que él se rebeló contra Dios[92], y haciéndolo así, creó una apostasía mundial. Para entenderlo mejor, tenemos que regresar al libro de Génesis 10:8-10.

"[8] Y Cush engendró á Nimrod, éste comenzó á ser poderoso en la Tierra. [9] Este fué vigoroso cazador delante de Jehová; por lo cual se dice: Así como Nimrod, vigoroso cazador delante de Jehová. [10] Y fué la cabecera de su reino Babel, y Erech, y Accad, y Calneh, en la Tierra de Shinar".

Nimrod, también conocido en Egipto como Osiris[93] fue el primer rey Nephilim post-diluviano, super en fuerza, poder e inteligencia. El diccionario Bíblico Unger se refiere a la palabra para gigantes (Nephilim) y lee; *"los Nephilim son considerados por muchos como semidióses, el descendiente poco natural de las hijas de mujeres de hombres mortales en la "cohabitación" con los hijos de Dios" (ángeles). Esta unión completamente poco natural, violando la orden creada de Dios del ser, era una anormalidad tan espantosa para requerir el juicio mundial de la inundación"*[94]. Incluso la decendencia de los Nephilim degenero tanto en la descendencia de Nimrod, que todos los primogénitos de Egipto que murieron por las plagas en el tiempo de Moisés eran de la casa de Cam.[95]

Hombres de renombre/semidioses[96], reyes, gigantes, emperadores, cesares, faraones, sacerdotes como: Azazel, Nimrod, Ramesses, Goliat, Og, Nabuconodosor, Xerxes el grande, Alejandro Magmo, Antioco IV Epifanes, Qin Shi Huang, Rómulo y Remo, Augusto,

---

[92] Libro de Jaser 7:46
[93] Dios egipcio, según Eurípides, es lo mismo que Zeus y Dionisos, o Dio-Nysos, "el Dios de Nyssa", Nimrod y otros
[94] Diccionario Biblico Unger, pagina 788
[95] Éxodo 12:29; Salmo 78:51
[96] Son ángeles rebeldes de Luz que han tomado los nombres de divinidades y se han disfrazado de dioses. Estos son los ángeles caídos que no pueden invocar el nombre del Padre, por lo tanto no participan de Su Manto de Luz.

Julio Cesar, Agripa, Marco Antonio, Tiberio, Germánico[97], Judás Iscariote (Juan 17:12), Pilato, Herodes (los dos – padre y hijo), Caifás, Nerón, Domitiano, Trajano, Marco Aurelio Antonino, Severio, Maximo, Decio, Valeriano, Aureliano, Diocletiano, Constantino, Atila el Huno, Napoleón, Moctezuma, Mussolini, Adolfo Hitler, Mao Tse Tung, Sadam Hussein...Gog y Magog [98], etc. etc. etc...Anti Cristo.

¿Que tal de esas descendencias? ¿Habrá quedado algún remanente? ¿A donde se encuentran hoy? ¿Quienes son estos hombres en nuestros tiempos? ¿No se lo preguntan? ¿Como sera la aparición del Anticristo ángelical[99] y como encarnara el dragon? ¿Quienes son los hombres de renombre en nuestros tiempos? ¿Quien es la segunda bestia [100] de Apocalipsis y el Anticristo humano; un hombre y sistema religioso con gran poder religioso súper en fuerza e inteligencia de nuestros días, sera esta bestia del linaje de los caídos (Nephilim)? La marca de la Bestia[101] de Apocalipsis 13:17-18 es un microcosmo de la marca de Caín en Génesis 4: 15.

Rómulo y Remo c. 771 a.J.C. fueron los fundadores tradicionales de Roma. Según la tradición registrada como historia por Plutarco y Livy, Rómulo sirvió como el primer Rey de Roma. Rómulo mato a Remo por una disputa sobre cual de los dos hermanos tenía el apoyo de los dioses locales para gobernar la nueva ciudad y darle su nombre. Supuestamente, Rómulo se puso en una colina y Remo en otra, y un círculo de aves volarón sobre Rómulo, significando que él debería ser el rey. Después de fundar a Roma, Rómulo no sólo creó las Legiones romanas y el Senado romano, sino también

---

[97] Caligula latin para "bota pequeña"

[98] Apocalipsis 20: 8

[99] Satanás – Lucifer – Apocalipsis 12: 3,4, 7-9; 13:1 y 4; 17:3

[100] Vicarious Fili Dei – 666 – Roma- Apocalipsis 13:18; 17:4,5,18

[101]La imagen del Oso (Osa Mayor) y del Dragón (alfa Draconis) poderes espirituales caídos que controlan la antigua astronomía lineal de las ciencias Babilónicas, que fuerzan al hombre a rendir homenaje al Dragón de los cielos inferiores.

añadió a ciudadanos a su nueva ciudad secuestrando a las mujeres de las tribus vecinas de Sabines, que causo la mezcla de los Sabines y romanos a una sola raza.

Rómulo fue el mayor conquistador de Roma antigua, añadiendo enormes cantidades de territorio y gente al dominio de Roma. La leyenda de Rómulo y Remo es que fueron amamantados por una loba y cómo fue que posteriormente crearon una pequeña ciudad llamada Roma que creció y creció hasta convertirse en el mayor Imperio que ha dominado sobre la superficie de este planeta. El distintivo de Roma es un "gran águila". ¿Han visto el sello exterior de los Estados Unidos? El imperio Romano vicariosamente sigue vigente hasta el día de hoy. El siguiente recuento es muy interesante. ¿Sera esta leyenda mito o realidad?

Mito

Según el mito, Rómulo y Remo, los hijos gemelos del dios Martes[102], fueron abandonados en una cuna por los bancos del río Tiber donde una loba llamada Luperca, los encontró y los alimentó con su leche.

Realidad

En el año 2007 en Roma, una gruta llamada *"Lupercale"* fue descubierta por arqueólogos donde supuestamente Rómulo y Remo fueron amamantados por la loba. Los arqueólogos italianos creen que ellos han encontrado la cueva según la leyenda.

Una cavidad subterránea decorada con conchas marinas, mosaicos coloreados de mármol y piedras pómez fue descubierta cerca de las

---

[102] Los caidos (Nephilim) adoptaron nombres para el uso en la Tierra y adoración pagana. Se dice que Martes violo a la madre de Rómulo y Remo, Rea Silvia, descendiente del Principe de Troya Aeneas.

ruinas del palacio del Emperador Augusto en la colina del Palatina[103].

Los expertos dicen que ellos están "razonablemente seguros" que ese es el lugar perdido donde se criaron Rómulo y Remo, y que luego fue usado para el culto sagrado [104] de los antiguos romanos y conocido como "*Lupercale*", del latin palabra para "*lobo*".

"Este podría ser razonablemente el lugar que atestigua al mito de Roma, uno de los más conocidos en el mundo, la cueva legendaria donde la lupa amamantó a Rómulo y Remo," dijo el Ministro de Cultura Francesco Rutelli en una conferencia de prensa el Martes[105]. La cueva de 16 metros (de 52 pies) fue encontrada en un área inexplorada durante el trabajo de restauración en el palacio de Augusto, el primer emperador romano. Los arqueólogos dijeron que la posición de la cueva reforzó su creencia que este era el Lupercale.

"Está claro que Augusto ... quiso que su residencia fuera construida en un lugar que era sagrado para la ciudad de Roma," dijo Croci[106]. "El emperador restauró el santuario y probablemente lo unió a su propio palacio", él dijo. Más de dos terceras partes de la cavidad, que es de aproximadamente 8 metros de alto y 7 metros de ancho, está llena de escombros y tierra por que esas partes sufrieron un colapso, y no es claro donde esta su entrada.

"Tenemos que investigar con extrema precaución... Esto es una cosa preciosa que tiene seguramente más de 2,000 años," dijo Croci. Andrea Carandini, un arqueólogo que se especializa en

---

[103] La «Acrópolis» de Roma es la colina del Palatino, origen de la palabra «palacio»; La colina Romana donde Augusto, Tiberio y Nerón construyeron sus palacios adyacentes a la cabaña de Rómulo
[104] pagano
[105] Reuters, Martes, Noviembre 20, 2007 por Silvia Aloisi; también ver video del hallazgo arqueológico en:
 http://www.reuters.com/news/video?videoId=71126&newsChannel=scienceNews
[106] arqueólogo italiano

antigüedades Romanas, dijo que él se *maravilló* por el hallazgo y lo llamó "uno de los descubrimientos más significativos que se ha hecho".

En Lupercale se praticaban muchos ritos paganos, en particular uno de ellos implicaban a hombres que azotaban y amancillaban a mujeres alrededor del Palatina en un rito de fertilidad; esa practica siguió hasta el 5^0 siglo. Por el hallazgo de Lupercale, el gobierno italiano gastara 12 millones de euros (17.7 millones de dólares-USD) para restaurar las ruinas de la colina del Palatina. En el Museo Capitalino de Roma se encuentra la estatua de bronce Etrusca "Lupa Capitolina"[107] en Italiano o "Loba del Capitolio," hecha en el valle más bajo de Tiber, y localizada en Roma desde la antigüedad. ¿Sera posible entonces que los fundadores de Roma fueron amamantados por una bestia?

"*[1]Y yo me pare sobre la arena del mar, y vi una bestia subir del mar, que tenia siete cabezas y diez cuernos, y sobre sus cuernos diez diademas, y sobre las cabezas de ella nombre de blasfemia".*

"*[2] y la bestia que vi era semejante a un leopardo, y sus pies como de oso, y su boca como boca de león Y el dragón le dio su poder y su trono, y grande autoridad".*

"*[3] y se maravilló toda la Tierra en pos de la bestia,"*

"*[4] y adoraron al dragón que había dado autoridad a la bestia, y adoraron a la bestia, diciendo: ¿Quién como la bestia, y quién podrá luchar contra ella?"*Apocalipsis 13:1-4[108].

El versiculo 1 nos dice "*[1]Y yo me pare sobre la arena del mar, y vi una bestia subir del mar, que tenia **siete cabezas y diez cuernos**".* No digo que Apocalipsis nos dice que se levantara literalmente una bestia en Roma ya que entiendo el texto simbólicamente para

---

[107] La loba amamantando a Rómulo y Remo
[108] Daniel 7:23; Mateo 24:15-22 , Juan l0:32,33; Apocalipsis 17:15; 20:2

describir literalmente a un sistema político-religioso apóstata de diez reinos antiguos, reducidos a siete y también futuros poderes políticos y bancarios[109] que recibirán su poder de la bestia de (Apocalipsis 17:12y 13 y 18:3). Leamos: *"12Y los diez cuernos que has visto, son diez reyes, que aún no han recibido reino; pero por una hora recibirán autoridad como reyes juntamente con la bestia. 13 Estos tienen un mismo propósito, y entregarán su poder y su autoridad a la bestia"*.

Apocalipsis 18:3: *"y los **mercaderes de la tierra** se han enriquecido de la potencia de sus deleites"*.

Apocalipsis 17:9: *"9Esto, para la mente que tenga sabiduría: Las siete cabezas son siete montes, sobre los cuales se sienta la mujer,"*

El monte Palatino forma parte de la llamada *Roma Quadrata*. Situado entre el Foro y el <u>Campo de Martes</u> que constituye una de las famosas ***siete colinas*** de <u>Roma</u> y es emplazamiento del templo de la Tríada Palatina: los dioses <u>Júpiter</u>, su esposa <u>Juno</u> y su hija <u>Minerva</u>. Satanás escogió una bestia para revelarse a Eva, y

---

[109] "Las fuerzas que están decididas con un solo proposito de la creación de un gobierno mundial quieren dividir el mundo en diez regiones interdependientes y que se relacionen mutuamente. Una de las agencias que promueve un gobierno mundial es el **Club de Roma**, una colección de la súper élite rica e intelectual que estableció un grupo de expertos en Roma en abril de 1969. La familia Rockefeller es parte de este grupo. Parece que el arquitecto del Club de Roma fue Aurelio Peccei, un industrial italiano con conexiones con las Corporaciones Olivetti y FÍAT. El 17 de septiembre de 1973 COR (Club of Rome) publico un informe escrito por Mihajlo Mesaroviv y Eudard Pestel que expresó una visión para el mundo. En el informe del COR el gobierno mundial estaría dividido en diez regiones politica/economica que son llamados "reinos". En el resumen del informe por Mesaroviv y Pestel Peccei declaran, su modelo mundial, basado en el nuevo desarrollo en la teoría multinivel de sistemas jerárquicos, y dividen el mundo en diez regiones interdependientes y que se relacionan mutuamente de la coherencia política, económica y ambiental. Este misión ya no es una visión, sino que ya esta en proceso". (Cita de Gary Kah. (En Route to Global Occupation Huntington House Publishers 1992 p.41).

Nabuconodosor fue exiliado de su reino y literalmente Dios lo bestializó simbolizando la marca de la bestia[110]; la bestia humana saldra del sistema apostata de Roma y no es coincidencia la honra otorgada a Rómulo y a su bestia (lupa) por las aguas que son los pueblos, muchedumbres, naciones y lenguas (Apocalipsis 17:15). Solo un humano súper en fuerza y de otra súper constitución (en este caso dos- Rómulo y Remo), si fuese cierto la leyenda, pudieron haberse nutrido y crecido baja esas circunstancias deplorables.

Otros hibridos Nephilim pre-romanos fueron los Filisteos, y eran conocidos como "gente del mar[111]" el término usado para una confederación de atracadores marineros que llegaron en barco a las orillas del este del Mediterráneo, y causaron el caos político, e intentaron entrar o controlar el territorio egipcio durante la décimo-novena dinastía, y sobre todo durante el octavo año de Ramesses III[112] en la duodécima dinastía. La arqueología moderna sugiere que el origen de estos "Filisteos" o "Invasores del Mar" son consistentes con la temprana cultura del mundo Micénico de Creta, ahora Grecia y que tienen conexión con la Tribu perdida de Dan[113]. Hay varias hipótesi del origen de los Filisteos[114] y de sus identidades y los motivos de la "gente del mar" descritos en los archivos. Estas hipótesis no son necesariamente alternativas o contradictorias; algunas o todas podrían ser principalmente o en parte ciertas. ¿Serian estos los descendientes de los "hijos de Dios"? ¿Los semi-dioses de la Tierra porque sus padres fueron los ángeles caídos? ¿Los hombres de renombre? ¿Podemos encontrar otra justificación de esta vista en otra parte en la Biblia? Todo esto suena como alguna reclamación de historia de la mitología griega o

---

[110] Daniel 4:25, 32, 33
[111] Sofonías 2: 5
[112] Faraón egipcio, probable en el tiempo Mosaico del Éxodo
[113] Génesis 49: 1-27 y Apocalipsis 7:4-8
[114] Hipótesis In situ Cananeo en Gaza, Gat y Asdod (Génesis 10: 6-20); Hipótesis Minoa; Hipótesis migratoria griega; Hipótesis Troyana; Hipótesis Micénica; Hipótesis de gente italiana; Hipótesis Anatoliana; Hipótesis del invasor

romana, donde tenemos leyendas de titanes, dioses de Monte Olimpo (Zeus y Hércules etc) que bajaron de Olimpo e intercasaron con gente y procrearon híbridos como Aquiles, Rómulo y Remo, mitad humano y mitad dios. Encuentro que este polema no se limita sólo a las culturas griegas y romanas, sino que casi todas las civilizaciones antiguas como los egipicios[115], mayas[116], aztecas[117], incas[118], etc...tienen leyendas y mitos de visitaciones del cielo. Estas tribus practicaban sacrificios humanos a sus dioses y edificaban ciudades y monumentales pirámides precisas en lugares tan remotos y difíciles de edificar, que uno se tiene que preguntar: ¿Que clase de súper-humano en fuerza e inteligencia, con súper destrezas cientificas, matemáticas e ingenieras pudieron diseñarlas y crearlas? Es como si todas estas civilizaciones antiguas construyeron sus propias torres y/o pirámides de Babel. ¿Seran sólo leyendas populares o son deformaciones de leyendas o medias verdades qué realmente ocurrieron? Vemos casi la misma historia del diluvio, entonces es muy probable que sean una deformación de la historia verdadera. ¿Tal vez la Mitología clásica no es un mito en todo el sentido de la palabra?

Hay varias preguntas que son relevantes a nuestro tema y que tienen que ser contestadas. ¿Primero que justificación debe encajonar para que las hijas de hombres fueran mujeres impías expresamente de la línea de Caín? ¿Clasifica alguna vez la Biblia a la gente de esta manera? ¿Si los hijos de Dios son descendientes de Set, como llegaron a presentarse antes del Señor en el cielo y como llegaron allí? Leamos Job 1:6 " *Y un día vinieron los hijos de Dios a presentarse delante de Jehová, entre los cuales vino también Satanás*" y Job 2:1 "*Aconteció que otro día vinieron los hijos de Dios para presentarse delante de Jehová, y Satanás vino también entre ellos presentándose delante de Jehová*". ¿Por qué se

---

[115] Piramides de Gizé y quadrada de Djoser
[116] Pirámides en Yaxchilan, Comalcalco, Tikal: Palenque, Kukulcán en la zona arqueológica de Chichén Itzá, Cobá etc
[117] Teotihuacán, Pirámide del Sol, Pirámide de la Luna etc
[118] La cuidad perdida de los Inca: Machu Pichu y la montaña Huayna Picchu

destacaría tal extraño descendiente del matrimonio si todos fueran de la raza humana o ya sea de justo con impío, o hijos de Set con hijas de Caín? Ese tipo de unión ocurre regularmente de generación en generación; unos para la salvación y otros para la perdición, pero no todos son "gigantes, hombres de renombre" ni requiere la destrucción del mundo por ese tipo de enlace matrimonial. No vemos que cuando un justo y un impío se casan reproducen gigantes al menos que haya otro factor genealógico de por medio y si así fuese, el mundo estuviera lleno de gigantes hoy en día. Por algo casi todos están extintos.

Si la destrucción del mundo provino de la maldad cuando los hijos de Set se casaron con las hijas de Caín, entonces, hoy la humanidad no pudiera existir ya que Dios continuamente estuviera destruyendo mundo tras mundo por el matrimonio del hijo de Dios justo con la hija del hombre impío por la acumulación de maldad.

Dios ordeno a Noé que escogiera una esposa entre las hijas de hombre. Noé se caso con Naama que tenia quinientos noventa años de edad. Naama era la hija de Enoc[119] y siendo Noé de quinientos años, engendró a Sem y luego cronológicamente a Cam y a Jafet. Dios tambien ordeno a Noé que escogiera tres hembras entra las "hijas de hombre" para que fueran esposas de sus tres hijos Sem, Cam y Jafet[120]. Si Dios hubiese hecho distinción entre una tribu de impíos y otra de justos, no le hubiese dado tal orden a Noé para que siguiera la descendencia de impios después del diluvio.

En las escrituras no podemos encontrar ninguna justificación para separar la raza humana y hacer una línea honrada y otra deshonrada. Realmente encontramos pruebas exactamente de todo lo opuesto, las escrituras siempre se refieren a alguien siendo honrado por su obediencia a Dios, por su espiritualidad, no por su posteridad física o de que familia provienen. ¿Por qué todos los

---

[119] El Libro de Jaser 5:14 y 15
[120] El Libro de Jaser 5:32 y 37

hijos de Set se clasificaron como seres piadosos y solo las mujeres de Caín eran impías? No hay ninguna indicación que la línea de Set era piadosa o se quedó piadosa. ¿De ser así, por qué fueron ellos también destruidos en el diluvio junto con los demás? No hay ninguna mención de este tipo de diferencia antes o después del diluvio. Tuviera más sentido que el intermatrimonio ocurriera con mujeres también piadosas y hombres impíos también.

No podemos encajonar el término "de hijas" a mujeres impías cuando esto es una clasificación general para mujeres. Otro factor que parece conducir a una de las dos clases de gente es Génesis 6:2 que declara que *"Viendo los hijos de Dios que las hijas de los hombres eran hermosas, tomáronse mujeres, escogiendo entre todas"*. En la lengua hebrea esto describe una toma violenta de ellas, no fue una cosa buena.[121] Fueron tomas parecidas a las que sufrieron Sara y Ester ambas de hermoso aspecto.[122]

¿Por qué iban a recurrir los hombres piadosos a esta clase de actividad para el matrimonio? Hombres los cuales muchos eran jueces entre el pueblo de Dios. ¿Es que acaso no habian *"mujeres hermosas"* tambien en la tribu de Set, que tuvieron que tomar mujeres de una tribu impía? La toma violenta en las escrituras provienen de impíos (Nephilim) hacia las mujeres justas, por ejemplo la toma mas violenta Bíblica por los Nephilim entre las mujeres hebreas fue la de Dina la hija de Jacob y Lea y fue por Siquem el heveo. Dina fue tomada por Siquem y deshonrada y amancillada.[123] Siquem se enamoro de Dina y sutilmente invito al pueblo de Israel a que se unieran al del *"16 Entonces os daremos nuestras hijas, y tomaremos nosotros las vuestras; y habitaremos con vosotros, y seremos un pueblo"*[124] .

¿Pregunto, tenia el pueblo de Israel la facultad de aliarse a un pueblo

---

[121] Libro de Jaser 4:18
[122] Génesis 12: 10, 14, 15; 20:2 y Ester 2:7 y 8
[123] Génesis 34:1-4
[124] Génesis 34:16

impío, sin que Dios lo autorizara? ¡Por supuesto que no, ya que Israel fue escogido por Dios y no por el hombre[125]! Satanás les ofreció villas y castillas para que formaran una alianza, pero mas importante para que co-mezclaran fondo de genes para sabotear la Aparición y el plan de salvación, leamos: *"⁹ Y emparentad con nosotros; dadnos vuestras hijas, y tomad vosotros las nuestras".[126]*

La Biblia nos dice que Leví y Simeón ejecutaron venganza por la mancilla de su hermana Dina, y lo hicieron por medio del engaño al proponer que todos los hombres de Siquem fuesen circunsidados y asi poder Siquem casarse con Dina" *"Pero sucedió que al tercer día, cuando sentían ellos el mayor dolor, dos de los hijos de Jacob, Simeón y Leví, hermanos de Dina, tomaron cada uno su espada, y vinieron contra la ciudad, que estaba desprevenida, y mataron a todo varón".[127]* Y agrega que Jacob se enfureció con sus hijos porque temía un ataque por los cananeos y los ferezeos que muchos años después Jehová ordeno a Josué que los exterminara a todos, y que no quedase ni un niño vivo. El testamento de los doce Patriarcas o los doce hijos de Israel, nos da una perspicacia de porque *Leví* tomo la determinación junto con *Simeón* de atacar y vengar la deshonra de su hermana. Parte del testamento de Leví lee: *"⁹ y con eso el ángel me abrió las puertas del cielo, y vi el santuario, y sobre el trono de gloria al Altísimo.¹⁰ y Él me dijo: Levi, te he dado a ti la bendición del sacerdocio hasta que yo venga y este en medio de Israel.¹¹ Entonces el ángel me rebajó a la*

---

[125] Éxodo 34:11 y 12: "¹¹Guarda lo que yo te mando hoy; he aquí que yo echo de delante de tu presencia al amorreo, al cananeo, al heteo, al ferezeo, al heveo y al jebuseo. ¹² Guárdate de hacer alianza con los moradores de la Tierra donde has de entrar, para que no sean tropezadero en medio de ti". Y leemos casi lo mismo en: Deuteronomio 7: 1 y 2: "¹Cuando Jehová tu Dios te haya introducido en la tierra en la cual entrarás para tomarla, y haya echado de delante de ti a muchas naciones, al heteo, al gergeseo, al amorreo, al cananeo, al ferezeo, al heveo y al jebuseo, siete naciones mayores y más poderosas que tú, ² y Jehová tu Dios las haya entregado delante de ti, y las hayas derrotado, las destruirás del todo; no harás con ellas alianza, ni tendrás de ellas misericordia".

[126] Génesis 34:9

[127] Génesis 34:25

Tierra, y me dio un escudo y una espada, y me dijo: Ejecuta la venganza en Siquem debido a Dina, tu hermana, y estaré contigo porque el Señor me ha enviado.[12] y destruí entonces a los hijos de Hamor, como esta escrito en las tablas celestiales".[128]

No cabe duda de que esa masacre por Leví y Simeón al pueblo de Siquem, fue dirigido por Jehová. Fue un vil crimen la violación y corrupción de Dina una ingenua jovencita tomada por un muchacho poderoso y mayor que ella. Hoy en día Siquem fuese un pedófilo. El nombre "Siquem hijo de Hamor" en hebreo se escribe *"Shkm Bn Chmvr"* o *"Schechem ben Hamor"*. Increíblemente usando la Gematría[129] hebrea equivale al numero 666. No es solo una coincidencia, sino que Siquem era descendiente de los Nephilim, el mismo siendo uno.

En el texto de Génesis 6:3 el Señor dice que su Espíritu no seguirá soportando con el hombre y luego pronuncia el tiempo cuando el futuro juicio ocurrirá. Antes del diluvio la vida del hombre era longeva. Muchos vivían mas de 500 años. Y para Satanás, una vida longeva de descendientes Nephilim de los Vigilantes o Grigoris, le daba la amplia oportunidad de contaminar el fondo de genes y evitar la Aparición con una raza de híbridos. Por lo tanto Dios retiro el acceso del hombre a la longevidad y pronuncia que el hombre no vivirá mas de 120 años[130].

¡Todo esta destrucción por el matrimonio entre hombres justos y mujeres impías! Desde luego, despues del diluvio los justos co-habitaron con gente impia que casi seguro eran descendientes, de los descendientes[131] de los caídos. La peor de las tribus de Israel

---

[128] Testamento de los Doce Patriarcas, Levi Capitulo 2: 9-12

[129] El sistema de valor numérico dado a las letras hebreas (alfabeto), como por ejemplo el valor de las letras en latín dado a los números Romanos.

[130] Génesis 6: 3

[131] Tercera generaciones en adelante

que cayo en esa practica fue la tribu de Dan[132]. Pero aun, cuando Israel no obedeció al Señor de casarse fuera de su propia nación no hubo nunca tal castigo como la destrucción del mundo con un diluvio. Si el diluvio fue un castigo incurrido expresamente por esos acontecimientos o esto contribuyó a ello parece ser algo oscurecido a veces.

Cuando los honrados se casan con impíos usualmente no dan a luz a tal descendiente extraño, al menos que haya otro elemento a este acontecimiento. ¿Como más puede uno explicar el descendiente de esta unión que son descritos como *"Estos fueron los hombres valientes que desde la antiguedad alcanzaron renombre"* en Génesis 6:4? Este es una descripción de su super-poder y fama (su inteligencia de capacidades, y de la fuerza que lejos excedió a otros hombres). Si analizamos como afecto a la humanidad este acto prohibido esto indica que el hombre se hizo increíblemente malo, donde sus pensamientos se inclinaron al mal todo el día y él llenó la Tierra de la violencia[133]. Y de ese modo afectaron o transfiguraron al descendiente natural de la humanidad que Dios creo a su imagen y se convirtieron en híbridos innaturales de Satanás, por lo tanto Dios decide destruir la Tierra. Fue tal la violación al orden creado por Dios que esto cambió la humanidad ante-diluviana y requirió una inundación mundial.

---

[132] Hijo de Jacob y Bilha, sierva de Raquel. Los Danitas fueron los masónicos que construyeron el primer Templo en Jerusalén contratados por alta remuneración por Salomón. Hoy en dia asocian a la tribu de Dan con los Fre-Masonicos y los Caballeros Templarios. Hiram de Tiro, hijo de madre judía y padre fenicio, era llamado el "hijo de la viuda". Hiram (el albañil) era hijo de la tribu de Dan (Crónicas 11). Salomon formó una alianza con Hiram I, rey de Tiro (otro Hiram), que desde muchos puntos de vista enormemente lo asistió en sus numerosas tareas como la asignación de los Danitas que se amalgamaron con Nephilim y en parte estaban endemoniados al construir el Templo; algo que Salomón debió de haber consultado con Dios antes de contratarlos. La tribu de Dan tenía el emblema de la serpiente y el caballo (mas acerca de este tema tal vez en otra obra.) " Será Dan serpiente junto al camino, Víbora junto a la senda, Que muerde los talones del caballo, Y hace caer hacia atrás al jinete". Génesis 49:17

[133] Génesis 6:5,13

¿Muchos se preguntan que como puede un demonio tener el coito con un humano o tener esta capacidad de ser físico[134]? Hemos visto ya a ángeles cambiarse realmente en forma física y que pueden ayudar físicamente a la gente aunque en la naturaleza ellos son seres de espíritu invisibles. La Biblia no nos dice como esto ocurre aunque hay algunos otros factores que considerar. Un demonio puede habitar en una persona y darles fuerzas extrañas y poderes más allá de cualquier capacidad humana normal. Ellos pueden darles al ser humano hasta capacidades psíquicas (mediums, astrólogos, magos, hechiceros, brujos, falsos profetas etc)[135]. Entonces es posible que en vez de un demonio que se nos haga visible y físico puede ser un caso de posesión afectando en vez a su descendiente. No digo que así fue como ocurrió en Génesis 6 pero esto puede ser una explicación aceptable. Aunque aludo de que los angeles celestiales son por naturaleza inmortales por su santidad, pero Satanás y sus anfitriones, aunque longevos y duraderos por siglos y siglos, se han transfigurado de una naturaleza incorrupta a una de corrupción y mortalidad, igual que Adán y Eva cuando pecaron. El manto de Luz se aparto de ellos y se convirtieron en mortales. Ese factor de transfiguración es el ingrediente que hace factible el amalgamado crimen de los hijos de Dios de Génesis 6 con las hijas de los hombres. Ya sabemos que Cristo en varias ocasiones en la Biblia saca demonios de personas poseídas[136]; a veces una sola persona puede tener una legión [137] de demonios. Cristo también le dio la habilidad de sacar demonios de personas poseídas de demonios a sus apóstoles [138].

---

[134] Incubo (masculino) Sucubo (femenino) demonio nocturno
[135] Deuteronomio 18: 9-12, Leviticos 19:31, 20:6, Isaias 8:19, 1 Samuel 28: 7 – 21, 1 Cronicas 10:13-14, 1 Timoteo 4:1
[136] Mateo 8:28-34, Mateo 12:22, Marcos 5:1-20, Marcos 9:14-26, Lucas 8:26-36, Lucas 13:10-17
[137] Significa muchos (Una legión era como de 5000 hombres en el ejercito Romano)
[138] (exorcismo) Lucas 10:17; Marcos 16:17,18; Hechos 5:16; 8:7; 16:16-18; 19:12

Sabemos que los ángeles que visitaron a Lot fueron acosados por Sodomitas[139], es plausible que ellos eran Nephilim o los mismos caídos que es probable reconocieron a los dos ángeles enviados por Dios para destruir a Sodoma. Puede que los caídos intentaron un reclutamiento y tentación de esos mismos mensajeros de Dios para evitar la destrucción de Sodoma con el acoso sexual. No nos debe de sorprender o extrañar esa posibilidad, ya que Satanás intenta a diario el incesante reclutamiento y tentación de los justos en la Tierra. Acordemonos que la rebelión inicial ocurrió en el cielo entre ángeles y Dios. ¿Y si por su maligna y macabra astucia arrastro un tercio de sus colegas en el cielo, por que no seguir intentándolo en la Tierra, lejos del trono de Dios en el décimo cielo?

Satanás no solo procuro que Sodoma y Gomorra fuese una cueva de inmoralidad, lujuria y abominación para la humanidad, sino que su plan macabro era mas allá de la perversión de esas ciudades; la impurificación de la sangre humana y así evitar el linaje puro de Cristo, el León de Judá. Al corromper la humanidad y al mezclar la semilla Satánica con el hombre ya sean justos o impíos, los hijos de Set o los hijos de Caín, tanto en Atlántida [140] como en Sodoma y Gomorra, en Canaán o Egipto, o en Babilonia y hasta los confines del mundo antiguo, lograría que la primera mención de la profecía Mesiánica en Génesis 3: 15 *"Pondré enemistad entre ti y la mujer, y entre **tu simiente** y la simiente suya; esta te herirá en la cabeza, y tú la herirás en el talon"* no llegara al cumplimiento. ¡Cuanta astucia! Otro punto que debemos de considerar es que Dios también protegió a las portadoras de la semilla Mesianica con mujeres escogidas como Sara la madre de Isaac[141], Rebeca la madre de Jacob[142], Raquel la Madre de Jose[143], y tambien a Ana la

---

[139] Génesis 19: 4 - 8
[140] Ciudad lengendiaria mencionada en el Dialogo de Platón
[141] Génesis 11:30; 21:1-8,
[142] Génesis 25: 21, 26
[143] Génesis 29:31 y 30:1, 22 y 25

madre de Samuel[144], Elizabet la madre de Juan el Bautista[145], y por supuesto a la "jovencita" virgen María [146] entre otras personajes bíblicas, de no ser profanados por estos seres ángelicales caídos. Si recuerdan, Sara fue estéril hasta su vejez[147], pero, Dios le había prometido a Abraham hacer una gran nación de su semilla[148].

Dos veces se nos menciona en la Biblia que Sara fue tomada por su belleza, primero por el Faraón de egipto y luego por Abimelec rey de los filisteos, pero no pudieron consumar relaciones intimas con ella por que Dios los toco con plagas y maldiciones[149]. ¡No fue en vano que Satanás guardo al pueblo de Israel en esclavitud por cientos de años, bajo el control de reyes y dictadores Nephilim! Sara fue tomada por su belleza pero también por que Satanás estaba consciente de que por la semilla de Abraham vendría el Mesías. Pues atacó a su esposa Sara, mas Dios no permitió que en su juventud y cuando aun era bella y codiciada por los Nephilim, ya que cayeron por lujuria, pudiese concebir. Sino que "[11] *Por la fe también la misma Sara, siendo estéril, recibió fuerza para concebir; y dio a luz aun fuera del tiempo de la edad, porque creyó que era fiel quien lo había prometido". "[12] Por lo cual también, de uno, y ése ya casi muerto, salieron como las estrellas del cielo en multitud, y como la arena innumerable que está a la orilla del mar".* Hebreos 11: 11-12

¿De que protegía Dios a las matriarcas israelitas? La esterilidad de Sara, Rebeca y Raquel (las madres de la nación israelita) es signficativa, aunque finalmente el poder concebir fue un signo de la gracia y el favor de Dios hacia Su electo, también hubo protección Divina de fondo de genes hasta el nacimiento del Mesías, inmaculado y sin pecado. El perfecto Cordero de Dios, sin

---

[144] 1 Samuel 1: 2, 19-20;
[145] Lucas 1:5-7 7 13
[146] Lucas 1:26-56
[147] Génesis 11:30
[148] Hebreos: 6:14
[149] Génesis 12: 10-20 y 20: 1- 20

mancha. Tamar la nuera de Judá, no pudó concebir por el pecado de su esposo Er[150], y al quedar viuda se caso con su cuñado Onán[151], pero el también cometió el mismo pecado de Er su hermano y Tamar tampoco quedo embarazada. Onán también murió por no dar descendientes a su hermano. Tamar concibió por medio de su suegro Judá[152] cuando prostituyo su apariencia para seducir a Judá con el fin de obtener descendencia de el. Se especula que Tamar era descendiente Cananea, y aun Dios no hizo distinción por su tribu y la encontramos en la genealogía de Cristo en Mateo, porque Tamar era una mujer justa, derecha como un palmera, según su nombre en hebreo "Tamar" significa "Palmera". Dios protegió a Tamar de una toma violenta al quedar viuda y procuro descendientes de la tribu de Judá. Sabemos que la tribu de Judá es una de las tribus proféticas de la descendencia del Mesias, y la otra tribu es la de Levi según el orden de Melquisedec[153]. Cristo es el León de Judá, pero también es nuestro Sumo Sacerdote para siempre.

Según el Protoevangelio de Santiago, que aunque no es parte del Nuevo Testamento, contiene el material biográfico sobre Maria, se consideró "plausible" por algúnos Cristianos Ortodoxos que ella era la hija de Joaquín y Ana. Antes de la concepción de Maria, Ana era estéril, y sus padres eran completamente viejos cuando ella fue concebida. ¿Ven como se repite la historia una y otra vez?

Para Dios no siempre era una maldición que una mujer fuese estéril. Sino que cada vez que una matriarca Bíblica se conocía como estéril, es por que posteriormente daban a luz un hijo/hija especial. "[1] *Regocíjate, oh estéril, la que no daba a luz; levanta canción y da voces de júbilo, la que nunca estuvo de parto; porque*

---

[150] Significa: "Interjección"
[151] El "Onanismo", es un vocablo sinónimo de auto-gratificación y de coitus interruptus.
[152] Génesis 38:1-11
[153] Génesis 14:17-21;   Salmos 110:4; Hebreos 5:6; 6:20 y 7:17 y 21 (Melquisidec Rey de Salem (Jerusalem) Cristo Jesus.)

*más son los hijos de la desamparada que los de la casada, ha
dicho Jehová".* Isaías 54:1. Si no fuese porque ahora sabemos que
hay dos especies diferentes (Nephilim y humanas) co-mezclados
no pudiera haber ninguna otra explicación plausible del juicio
severo de Dios, que encontraron tanto la humanidad por la
inundación como los ángeles que están ligados ahora en cadenas,
leamos:

*"⁴ Dios no perdonó a los ángeles que pecaron, sino que los arrojó
al infierno y los entregó a prisiones de oscuridad, donde están
reservados para el juicio. ⁵ Tampoco perdonó al mundo antiguo,
sino que guardó a Noé, pregonero de justicia, con otras siete
personas, y trajo el diluvio sobre el mundo de los impíos".* En 2ᵈᵃ
Pedro 2:4-5 y en Judas1: 6-7 *"⁶ Y a los ángeles que no guardaron
su dignidad, sino que abandonaron su propio hogar, los ha
guardado bajo oscuridad, en prisiones eternas, para el juicio del
gran día. ⁷ También Sodoma y Gomorra y las ciudades vecinas, las
cuales de la misma manera que aquellos, habiendo fornicado e ido
en pos de vicios contra la naturaleza, fueron puestas por ejemplo,
sufriendo el castigo del fuego eterno".*

Esos ángeles caídos (Nephilim, Vigilantes o Grigori) que hoy se
encuentran ligados y encadenados son culpables de pecados tan
severos que ni aun su líder Satanás los puede liberar, fueron
culpables de tanta abominación que se encuentran en "prisiones de
oscuridad"[154] y en "prisiones eternas"[155] esperando el juicio final,
según Enoc estan encadenados y lamentándose en el segundo y
quinto cielo como podrán leer en el primero y segundo libro de
Enoc, el Escriba y ahora con ropas iguales que la de un Arcángel[156]
y que no ha conocido la muerte porque camino con Dios y Dios se
lo llevo. Tanta es la similitud, semejanza y el paralelismo de los
libros de Enoc con la revelación de Jesucristo que le dio Dios, y

---

[154] 2 Pedro 2:4
[155] Judas 1: 6
[156] Enoc II Capitulo 22

que el envió a su siervo Juan por medio de su ángel, que luce que este ángel revelador del testimonio de Cristo a Juan pudiese ser Enoc[157]. Ustedes podrán hacer su propio análisis al respecto mientras estudian y comparan los escritos de Enoc y los de Juan en Apocalipsis, tanto como en el resto de las sagradas escrituras.

¿Quienes seran los dos testigos[158] de Apocalipsis 11, seran Enoc y Elias, ya que ambos nunca conocieron la muerte[159] y están reservados para uso especial en el tiempo final? ¿O levantara el Señor a otros profetas habitantes de la Tierra? Enoc también representa la generación de los 144 mil que no morirán en los días de la gran tribulación pre-Advenimiento (Enoc camino con Dios y no murio, tampoco sufrió la tribulación del 1er mundo cuando fueron destruidos los impíos por un diluvio). El cántico de los 144,000 de Apocalipsis 14: 1-5 también nos da otra plausible explicacion a una pregunta muy interesante del texto, leamos:

"¹ Después miré, y he aquí el Cordero estaba en pie sobre el monte de Sion, y con él ciento cuarenta y cuatro mil, que tenían el nombre de él y el de su Padre escrito en la frente.

² Y oí una voz del cielo como estruendo de muchas aguas, y como sonido de un gran trueno; y la voz que oí era como de arpistas que tocaban sus arpas.

³ Y cantaban un cántico nuevo delante del trono, y delante de los cuatro seres vivientes, y de los ancianos; y nadie podía aprender el cántico sino aquellos ciento cuarenta y cuatro mil que fueron

---

[157] Aunque la opinion popular es que es el angel Gabriel

[158] Algunos creen que uno de los dos testigos pudiera ser Moisés, por la similitud de las plagas que condujo a Egipto por el poder de Dios, ya que así también vendrán en los tiempos finales. Sabemos que Moisés murió a los 120 años y que también resucito, una segunda muerte y resurrección seria duplicación, mas aun Enoc y Elias nunca han muerto. Tal vez un tema para otra ocasión ya que esta obra es de el Libro de Enoc II y los Vigilantes (Nephilim).

[159] Génesis 5:24, 2 Reyes 2: 11

redimidos de entre los de la Tierra.

[4] Estos son los que no se contaminaron con mujeres, pues son vírgenes. Estos son los que siguen al Cordero por dondequiera que va. Estos fueron redimidos de entre los hombres como primicias para Dios y para el Cordero;

[5] y en sus bocas no fue hallada mentira, pues son sin mancha delante del trono de Dios".

El versículo 4 siempre ha sido una incógnita para eruditas, teólogos, y Cristianos. Habla implícitamente de que los 144 mil serán como "virgenes" por que no se *contaminaron* "con mujeres". Muchos leen este texto y le aplican una teoría literal donde los 144 mil serán un grupo de "hombres" que no tuvieron relaciones sexuales y que serán vírgenes ya sea el numero literal o simbólico. Otro grupo le aplican otra teoría al texto literal donde los 144 mil serán un grupo de "hombres y mujeres" que no tuvieron relaciones sexuales y que serán vírgenes ya sea el numero literal o simbólico.Y otro grupo entienden el texto como un numero y descripción "simbolica" de cuantos y quienes serán los 144 mil.

¿Pregunto, porque tienen que ser los 144 mil de cada tribu de Israel vírgenes literales, si ninguno de los doce patriarcas los fueron pero sus nombres, con la excepción de Dan (sustituido por Manasés), estarán en las doce puertas de perlas en la Nueva Jerusalén? Los carácteres del ser humano son un microcosmo de cada carácter de los hijos de Jacob, y aunque Jacob luego adopto a los dos hijos de José, el menor, siendo el mayor (Efraín), cada media tribu de ellos son representadas y/o condensadas por una sola puerta la del primogénito Manasés. Queriendo decir que aunque falta el nombre de Dan, siguen habiendo doce nombres, doce tribus, y doce puertas. Muchos dicen que los seres humanos somos dotados por cuatro diferentes características, pero, yo divago con los sicólogos, creo que hay 12 justas y una impía, por lo tanto hay 13 caracteres, uno el cual nunca quisiera tener (verse pie de nota 417 para identificar a la decimotercera). Esos caracteres son los doce perfiles de personalidades de los doce patriarcas y con el de Dan componen 13. Dan es un microcosmo de Judás, Cam y Caín, y todos ellos son un microcosmo de Satanás. Los doce Apóstoles cada uno poseían la característica de alguno de los doce patriarcas, incluyendo a Judás el de Dan, y por ende posible también descendientes de cada tribu. La adopción de los dos hijos de José (Manasés y Efraín) suplantando a Dan, es otro microcosmo de la adopción de Matías y Pablo como Apóstoles suplentes de Judás.

Si estudiamos bién el texto de Apocalipsis 14:4 y lo relacionamos con Génesis 6:2: "*2 que viendo los hijos de Dios que las hijas de los hombres eran hermosas, tomaron para sí mujeres, escogiendo entre todas*" y aplicándole un sentido simbólico al texto acerca de la "virginidad" de los 144 mil, le podemos encontrar una explicación plausible y simbolica a Apocalipsis 14:4. Los hijos de Dios celestiales, son los santos ángeles. Ellos representan la gloria de Dios y Su santidad. Sin mancha ni contaminación. Igual serán los 144 mil, sus ropas serán emblanquecidas de todo pecado y serán santos como los ángeles "sin mancha".[160] Cuando Cristo menciona que los ángeles en el cielo no se casan" implica que los ángeles caídos en la Tierra hicieron todo lo opuesto como podemos ahora entender del suceso de eventos en Génesis 6:4. Esos ángeles abandonaron sus propios hogares en el cielo y cambiaron su dignidad (sus ropas blancas y su santidad) por "mancha, contaminación y fornificación con mujeres terrenales"[161]. La gran ramera de Apocalipsis 17: 1 y 5 simboliza una Babilonia en decadencia espiritual, una mujer llena de fornicación, llena de inmoralidad. Leamos: "*1 Vino entonces uno de los siete ángeles que tenían las siete copas, y habló conmigo diciéndome: Ven acá, y te mostraré la sentencia contra la gran ramera, la que está sentada sobre muchas aguas*;

---

[160] Apocalipsis 14:5
[161] Judas 1: 6-7

" ⁵y en su frente un nombre escrito, un misterio: BABILONIA LA GRANDE, LA MADRE DE LAS RAMERAS Y DE LAS ABOMINACIONES DE LA TIERRA ".

Y en Apocalips 18:3 y 4 leemos: *" ³Porque todas las gentes han bebido del vino del furor de su fornicación; y los reyes de la Tierra han fornicado con ella, y los mercaderes de la Tierra se han enriquecido de la potencia de sus deleites".*

Dios le pide a su pueblo que "salgamos de ella" y que no nos "contaminemos" con el vino de su fornicación y con sus deleites terrenales. *" ⁴Y oí otra voz del cielo, que decía: Salid de ella, pueblo mío, porque no seáis participantes de sus pecados, y que no recibáis de sus plagas ".*

Por consecuencia todos los 144 mil, ya sea un numero literal o simbólico de los "vivos" de la gran tribulación tendrán que ser como los santos ángeles en el cielo "virgenes" en el sentido simbólico, pero que literalmente serán sin contaminación de la "mujer" la gran ramera de esta Tierra, Babilonia la grande y de su levadura. Ellos serán los que se han exiliado de ella y que no han bebido de su "vino" y de sus "deleites". Estos serán los que pasarán por gran tribulación, "la grande" jamas antes igual, para poder ganarse tal privilegio y honra de nunca conocer la muerte y presenciar el glorioso Advenimiento in situ [162].

El matrimonio es una institución sagrada, instituida por Dios en el Edén cuando Dios casa a Adán con Eva. !Que gran privilegio el haber sido unidos literalmente por Cristo en el Edén[163]! ¿Quien puede reclamar tal honra que no sean Adán y Eva? Satanás fue el sacerdote de las uniones impías de los ángeles caídos con las hijas del hombre. Esta unión fue una fornicación a la santidad del orden matrimonial instituido por Dios. Notemos como Mateo y Lucas

---

[162] *Latin*: situado en el lugar original, natural, o existente o posición, en esta caso la Tierra. 1 Corintios 15:51.
[163] Génesis 2: 18 y 21-25 y Juan 1: 1-3

implican y recalcan que una unión impía es una abominación y fornicación para Dios: "*[38] Porque como en los días antes del diluvio estaban comiendo y bebiendo, **casándose y dando en casamiento**, hasta el día en que Noé entró en el arca*". Mateo 24:38[164] y también leamos el texto de Lucas 17:28: "*[28] Asimismo como sucedió en los días de Lot*".

Nos preguntamos: ¿Qué objetivo hubo para un asalto ángelical de esta naturaleza? Después de la caída de Adán y Eva Dios pronunció el juicio en ellos y a la Tierra. Él también dio una promesa que un Mesías vendría y aplastaría la cabeza de Satán en Génesis 3:15. Vemos consecuentemente en todas partes de las escrituras un ataque satánico para corromper el linaje de las tribus de Judá y Levi, donde no se hallara hombre justo en ellas y perfecto entre los hombres de su tiempo y así degenerar y/o amalgamar las descendencias tribales del Mesías. Esta fue su primera y probablemente la mayor tentativa de contaminar la línea (fondo de genes), parando la semilla de la Aparición. Introduciendo algo extranjero en la raza humana, el hombre se haría finalmente un híbrido, amalgama de humano y aberración de ángel caído o bestia, algo que Dios nunca ha querido. Esto hubiera sido desastroso porque Cristo no sería capaz entonces de representar al Dios-hombre que fue hecho en la imagen de Dios, y no con naturaleza ángelical sino con su naturaleza de **THEOS**[165]. Por esta razón Dios tomó una medida tan drástica para rectificar este acontecimiento con un diluvio y la destrucción total del mundo y de la impureza que Satánas habia creado en ella.

Notemos que mientras Satánas atacó a las familias de la humanidad, Noé era inmaculado de esta actividad. Génesis 6:9: "*[9] Estos son los descendientes de Noé: Noé, hombre justo, era perfecto entre los hombres de su tiempo; caminó Noé con Dios*". Él era el sentido perfecto sin punto o defecto, sana era su familia

---

[164] Lucas 17:26
[165] Griego - Dios – Elohim en hebreo

hasta ese momento y no fue afectada por la invasión para profanar "el fondo de genes'" de la humanidad aunque luego, en el nuevo mundo, Cam y sus descendientes si fueron afectados. ¿Con toda esta información del mundo antediluviano en el Antiguo Testamento podemos encontrar alguna cuenta paralela en el Nuevo Testamento? Sí, podemos. Encontramos aún mayor detalle contra estos ángeles particulares y como y por qué ellos fueron encarcelados para ser juzgados en el juicio final. Sin la clara explicación de que Génesis 6 se refiere a seres ángelicales nos quedaria un vacío de explicación de por qué estos ángeles particulares están ligados hasta el final del tiempo leamos lo que dice 2da Pedro 4-5: "^{4} *Dios no perdonó a los ángeles que pecaron, sino que los arrojó al infierno y los entregó a prisiones de oscuridad, donde están reservados para el juicio ^{5} Tampoco perdonó al mundo antiguo, sino que guardó a Noé, pregonero de justicia, con otras siete personas, y trajo el diluvio sobre el mundo de los impíos*".

"Los ángeles que pecaron" unos intérpretan a estos ángeles como la rebelión en el cielo. Pero, esto no pudiera significar la primera rebelión de Satánas, porque no tendríamos a ningunos ángeles demoniacos contra la humanidad hoy si ellos fueran todos encarcelados. ¿La pregunta es, cómo pecaron ellos? Esto es la explicación y luz que nos da Judas acerca de lo qué Pedro habla, leamos Judas 6 – 7: "^{6} *Y a los ángeles que no guardaron **su dignidad**^{166}, sino que **abandonaron su propio hogar**^{167}, los ha guardado bajo oscuridad, en prisiones eternas, para el juicio del gran día. ^{7} También Sodoma y Gomorra y las ciudades vecinas, las cuales de la misma manera que aquellos, habiendo fornicado e ido en pos de vicios **contra la naturaleza**, fueron puestas por ejemplo, sufriendo el castigo del fuego eterno*".

---

^{166} Abandonado su estado angelical y yendo después a una clase diferente de la carne
^{167} Abandonado su hogar celestial, mas tambien abandonado sus cuerpos de naturaleza angelical por una clase diferente

Ambos de estos acontecimientos son descritos como antediluviano. Tanto Pedro como Judas colocan estos acontecimientos entre profetas falsos y Sodoma y Gomorra. Ambas cuentas están en el contexto del pecado y fornicación de estas ciudades (yendo después a una clase diferente de la carne entonces allí posean el tipo de Romanos 1:26, 27.) Judas hace una comparación con el pecado de Sodoma y los ángeles, ambos se marcharon de su propia naturaleza para ir después de deseos poco naturales. A causa de esta rebelión ellos son encajonados en cadenas como en un Tartarus[168] lleno de obscuridad. Este es una posición de un Infierno oscuro expresamente para los ángeles caidos. Estos ángeles estuvieron implicados en un pecado tan extraordinario que ellos necesitaron el encarcelamiento hasta el día del Juicio Final segun Pedro, Judas y los libros de Enoc. En la Escritura hemos registrado las dos apostasías de ángeles. El primero ocurrió en el cielo con la rebelión de Lucifer el querubín principal que hizo que un tercio de los ángeles buenos siguieran su ejemplo [169] y fueron confirmados en su estado caídos. La segunda apostasía es mencionada en 2da Pedro, y en Judas donde ellos abandonaron su lugar adjudicado de la residencia para invadir el otro que era prohibido a ellos. Judas describe a estos ángeles que pecaron paralelas con la inmoralidad sexual. Este encarcelamiento en cadenas hasta el día del Juicio Final nos adelanta la perspicacia de quiénes son estos ángeles. Si el pecado mencionado en 2da Pedro fuese la caída original de los ángeles la cual ocurrio en el cielo, entonces todos los ángeles malos estarían en cadenas, no sólo unos. Esto significaría que Satánas y todos los ángeles estarían ligados y no serían activos hoy. Obviamente esto no es correcto, entonces la única explicación es un acontecimiento separado que apuntó al Señor a guardarlos aparte de nosotros para que no repitieran nunca jamas este acto atroz una y otra vez. Parece que éstos particulares seres ángelicales

---

[168] o *tartaro* "oscuridad del universo material," "o abismo oscuro," " prisión" un lugar de 'la oscuridad total" o agujero(s) negro galáctico creado por Dios como prisión en los cielos inferiores.
[169] Ezequiel 28:14-16

fueron más inclinados al mal que los demás por que ellos dejaron su lugar adjudicado en el cielo para profanar la raza humana entera. Entonces ellos podrían haber sido una cierta clase de ángeles ya que hay numerosas criaturas diferentes descritas en el cielo. El Apóstol Pedro se refiere a los espíritus en la prisión más que una vez. En 1ra Pedro 3:19-20 él declara que después de que Cristo murió él fue *"y predicó a los espíritus en la prisión, quiénes antes fueron desobedientes* $^{"19}$ *y en espíritu fue y predicó a los espíritus encarcelados,* ^{20} *los que en otro tiempo desobedecieron, cuando una vez esperaba la paciencia de Dios en los días de Noé, mientras se preparaba el arca, en la cual pocas personas, es decir, ocho, fueron salvadas por agua"* esta predicación no era las Buenas Nuevas, sino que les proclamaba, y les anunciaba su inevitable juicio, otra vez encontramos el tiempo de este siendo antediluviano. Las tribus Bíblicas y históricas que se asocian con los Nephilim son los Cananeos[170], Amorreos, Ferezeos, Jebuseos, Sidoneos, Gergeseos, Araceos, Sineos, Arvadeos, Heveos, Heteos, Zemareos, Hamateos, Edomitas, Hititas, Madianitas, Perezitas, Hivitas, Moabitas, Anakim, Refaim, Patrusim, Casluhim, Caftorim, Emim, Horim, Zamsummim y otros mas.

Refaim

El "Refaim" es un título general que el Libro de Josué[171] declara le fue dado a los aborígenes que fueron conquistados y después desposeídos por las tribus Canaanitas. El texto en Deuteronomio declara que un Refaíta había sobrevivido, siendo Og, el rey de Basan. Og de Basan fue registrado como haber tenido una cama de 13 pies de largo, leamos: *"Porque únicamente Og rey de Basán había quedado del resto de los gigantes. Su cama, una cama de hierro, ¿no está en Rabá de los hijos de Amón? La longitud de ella es de nueve codos*[172]*, y su anchura de cuatro codos*[173]*, según el*

---

[170] Génesis 10: 6-20
[171] Josue 17 y 18
[172] era más de trece pies de largo

codo de un hombre". Deuteronomio 3:11. Los Refaítas eran el mismo grupo Canaanita conocido a los Moabitas como Emim, es decir, "temerosos", y los Amorreos como los Zamzummim.

El 2do Libro de Samuel declara que algunos de ellos encontraron refugio entre los Filisteos, y todavía existían en los días de David.

Anakim

Los Anakim eran gigantes y los descendientes de Anak (Anac)[174], y moraban en el sur de Canaán, en la vecindad de Hebrón. En los días de Abraham, ellos habitaron la región mas tarde conocida como Edom[175] y Moab, al este del río Jordan. Son mencionados durante el informe de los espías sobre los habitantes de la Tierra de Canaán. El libro de Josue declara que Josue finalmente los expulsó de la Tierra, excepto un remanente que encontrarón refugio en las ciudades de Gaza, Gat, y Asdod[176]. Goliat el gigante Filisteo, que David encontro y más tarde mato, era supuestamente un descendiente del Anakim. Cuando Moisés envió a sus doce espías para reconocer la tierra de Canaán, ellos regresaron con un informe de que habian gigantes y el pueblo de Israel, despues de ver aquellas criaturas aterradoras causó en parte que fueran relegados a vagar en el desierto por mas de 38 años por su falta de fe[177].

"32 Y hablaron mal entre los hijos de Israel, de la Tierra que habían reconocido, diciendo: La Tierra por donde pasamos para reconocerla, es Tierra que traga a sus moradores; y todo el pueblo que vimos en medio de ella son hombres de grande estatura".

"33 También vimos allí gigantes, hijos de Anac, raza de los

---

[173] era más de seis pies de ancho
[174] Números 13:28
[175] Los Edomitas eran los descendientes de Esaú el cual se caso con mujeres Cananeas
[176] Sofonías 2: 4
[177] Hebreos 3: 7-10

gigantes, y éramos nosotros, a nuestro parecer, como langostas[178]; y así les parecíamos a ellos. "

De hecho, los israelitas no eran tan entusiastas sobre la realización de las órdenes de Dios a este respecto como ellos deberían haber sido, y esto les costó mucho: *"[34] No destruyeron a los pueblos Que Jehová les dijo; [35] Antes se mezclaron con la naciones, Y aprendieron sus obras,[36] Y sirvieron a sus ídolos, Los cuales fueron causa de su ruina. [37] Sacrificaron sus hijos y sus hijas a los demonios, [38] Y derramaron la sangre inocente, la sangre de sus hijos y de sus hijas, Que ofrecieron en sacrificio a los ídolos de Canaán, Y la tierra fue contaminada con sangre. [39] Se contaminaron así con sus obras, Y se prostituyeron con sus hechos".* Salmos 106: 34 – 39.

Cuando Josué y la nación de Israel más tarde entrarón a la tierra de Canaán, fueron instruidos por Dios de elimar a cada hombre, mujer y niño de ciertas tribus. Esa exterminación tan severa le causa inquietud a algunos[179]. ¿Por que un Dios de amor y de perfecta creación quizo que los Israelitas eliminaran a tribus enteras, y que no quedara ni un niño vivo? ¡Nadie quedo vivo![180] ¿Fue esto genocidio por mandato Divino? ¿Por que Dios ordeno limpieza étnica en Canaán? ¡Si el estado de Israel actuara igual hoy con cualquiera de sus vecinos, el mundo no lo aceptaría y hubiese intervención política y militar a nivel global por las naciones unidas! El Señor limpio al mundo de esas tribus inmundas, carentes de esperanza, por amor a ti y a mi. La permanencia de esas tribus de Nephilim puso en peligro el plan de salvación.

Los Israelitas mataron al Madianita[181], al Heteo, al Amorreo, al Cananeo, al Ferezeo, al Heveo y al Jebuseo como Jehová Dios lo

---

[178] Grillos o saltamontes
[179] Deuteronomio 20: 16 - 17
[180] Salmos 135: 10-11
[181] Números 31

mando[182]. ¡Nisiquiera Caín sufrió tal castigo! Sabemos que Dios lo protegió de la muerta al ponerle una marca y al pronunciar una maldición séptupla para el que lo matara[183]. El mismo Caín recibió misericordia de Dios al cometer el primer homicidio en la Tierra[184] contra su hermano Abel. Caín no fue destruido en ese mismo momento por su pecado, sino que muchas años despues sufrio la muerte por la mano de su tátara-tátara nieto Lamec que lo confundio por una bestia[185]. ¿Como entonces podemos creer que todos los que fueron destruidos en el diluvio fueron los hijos impíos de Caín, o que la frase "hijos de hombre" se refiere solo a los descendientes de Caín? ¿Ven el raciocinio? Parece que en la Tierra pre-deluviana y despúes en Canaán había un serio "problema de fondo de genes".

"Los sumerias llamaron sus dioses Anunaki; según el Midrash[186], Abraham era el hijo de un fabricante de ídolos[187] en la ciudad sumaria de Ur, y es razonable suponer de que el conocia sobre esos dioses Babilonios. La palabra Anak y su plural (Anakim) podrían ser simplemente versiones corruptas de Anunaki; este compararía el Nephilim con los semidióses sumarios como Gilgamesh[188].

Sin entrar en lujos de detalles de la etimología de la palabras "hebrea" o "judío" ambos fueron un "signo o señal" de Dios, puesto por Él a sus escogidos, ya que Abraham no nació judío ni de ninguna tribu judía, ni aun de religión, su padre Taré fue por mucho tiempo pagano y un anfitrión sacerdotal en la corte pagana

---

[182] Deuteronomio 7:1-5 ; 7:16; 20:16-18; Josue 12

[183] Génesis 4: 15

[184]Excluyendo el de Satanás contra la humanidad por el pecado de Adán y Eva

[185] Libro de Jaser 2: 26 - 30

[186] El midrash es una palabra hebrea que se refiere a un método de exégesis de un texto Bíblico.

[187] Su padre era Taré, príncipe o sacerdote y anfitrión de la corte pagana de Nimrod, Libro de Jaser 7:41

[188] Gilgamesh, aparece en la lista de reyes sumerios, era el quinto rey de Uruk (Temprana Dinástia 2da, primera dinastía de Uruk), el hijo de Lugalbanda

de Nimrod hasta que reconoció que Abraham adoraba al único Dios verdadero, el GRAN YO SOY. Abraham era de Ur[189] de los Caldeos, Babilonia, una ciudad que ahora está en ruinas en Irak[190]. Abraham fue escogido por Dios para ser el primer Hebreo o Judío, y de su semilla hacer una gran nación; la Iglesia de hoy. Por eso la Ley saldrá de Zión, del Israel espiritual de esta Tierra. Sin embargo, el Israel espiritual es la coordinación de todas las razas del Hombre, para que toda la humanidad justa pueda ser llevada a la salvación desde los reinos de la carne corruptible[191] a los reinos de la Luz celestial incorruptible y eterna de Jehová. Abraham fue el primero del pueblo de Dios que por su fe, cumplió la ley y fue exiliado de Babilonia, su llamado y peregrinaje es el perfecto ejemplo para nosotros para los días postreros que le espera al pueblo de Dios en la gran tribulación. ¡Judea salgámos de Babilonia[192]! Y cuando os llegue el tiempo del llamado final del éxodo, no os preocupéis por donde ir porque como a Abraham, a vosotros también Jehova te conducira *"a la Tierra que Él te mostrara* [193]*"* para llegar a la Canaan Celestial (La Ciudad de Oro, La Nueva Jerusalén).

Algunos estudiosos dicen, sin desviarnos mucho del tema, que los "Anunaki" están relacionados con alguna clase de extra-terrestres o

---

[189] Debido a que los habitantes originales de esta estación Ur violaron las leyes de aplicación de la física superior de la Ley cósmica de Dios, que el confundió el lenguaje del hombre en una forma tal que hasta hoy el hombre no puede aplicar las claves de las vibraciones orientales de sus lenguas con las vibraciones occidentales de sus lenguas.

[190] Cuando Saddam Hussein subió al poder en Irak, él concibió un esquema grandioso de reconstruir la Ciudad antigua de Babilonia - Hussein dijo que los grandes palacios de Babilonia y los jardines colgantes legendarios de ella (una de las siete maravillas del mundo antiguo) se elevarían del polvo. Igual como el Rey poderoso Nabuconodosor II triunfó en Jerusalén hace 2,500 años, Saddam Hussein quizo hacer de Babilonia el mayor Imperio del mundo otra vez, y gobernar sobre ella.

[191] 1 Corintios 15:54

[192] Jeremías 50:8; Isaías 48:20-22; Mateo 24:16 y Apocalipsis 18:4

[193] Génesis 12:1

seres sobrenaturales según el orden de los ángeles caídos y que habitan en un Planeta X. A menudo escuchamos rumores de vistas de platillos voladores o de luces inexplicables en el horizonte, et cetera...et cetera... Se que estos extra-terrestres existen, pero no en la forma que Satanás los quiere hacer lucir a la humanidad. Estos extra-terrestres son espíritus de demonios que fueron lanzados del cielo por su rebelión y por seguir a su príncipe Lucifer[194]. La NASA continuamente experimenta con el planeta Martes intentando contacto de cualquier forma posible. Satanás utiliza a los científicos ateos, los que niegan a Dios por falta de evidencia empírica, para falsamente comprobarle al mundo que hay vida inteligente en otros planetas de nuestra galaxia y que están tratando de comunicarse con nosotros: *"13 Y vi salir de la boca del dragón, y de la boca de la bestia, y de la boca del falso profeta, tres espíritus inmundos a manera de ranas; 14 pues son espíritus de demonios, que hacen señales"* (Apocalipsis 16:13-14). ¿Han visto alguna vez algún dibujo, foto o película de algún Marciano? ¡Lucen verdes y a manera de ranas! El intento constante de comunicación con poderes extra-terrestres o espíritus ocultos, es otra manera de practicar el espiritismo. El mundo entra en el espiritismo con la búsqueda y comunicación con espíritus *"extra-terrestres"*. Llegara el momento cuando después de tanto insistencia de comunicarnos con esos espíritus, que el quinto ángel tocara la trompeta:

"1 y vi una estrella que cayó del cielo a la Tierra; y se le dio la llave del pozo del abismo. 2 Y abrió el pozo del abismo, y subió humo del pozo como humo de un gran horno; y se oscureció el sol y el aire por el humo del pozo. 3 Y del humo salieron langostas sobre la Tierra; y se les dio poder, como tienen poder los escorpiones de la Tierra. " 7 El aspecto de las langostas era semejante a caballos preparados para la guerra; en las cabezas tenían como coronas de oro; sus caras eran como caras humanas;

---

[194] Ezequiel 28: 16; Isaías 14:12 y 15; Lucas 10:18; Juan 12: 31; Apocalipsis 12: 4 y 7-9

⁸ tenían cabello como cabello de mujer; sus dientes eran como de leones; ⁹ tenían corazas como corazas de hierro; el ruido de sus alas era como el estruendo de muchos carros de caballos corriendo a la batalla; ¹⁰ tenían colas como de escorpiones, y también aguijones; y en sus colas tenían poder para dañar a los hombres durante cinco meses". Apocalipsis 9: 1-3 y 7-9

¿Langostas sobre la Tierra con colas de escorpiones, aguijones, pelo largo, dientes de leones, corazas de hierro y carros con muchos estruendos listos para la batalla? Lucen tener caras humanas, pero no lo son. ¿Como se entiende la visión de Juan? ¿Han visto alguna vez a Star Strek, Star Wars o ET? Juan aparenta estar describiendo a extra-terrestres que invadirán a la Tierra en sus "carros/platillos con alas/voladores". ¿Que poder sobrenatural pudiera estar en el planeta Martes, si es que hay alguno? La única probalidad serian los caídos, ya que es probable que los angeles caídos puedan soportar la temperatura y el clímax hostil y atroz de Martes. También es muy probable que ellos hayan habitado o que rondaron de planeta en planeta, por que la mitología hace gran uso y conexión con los nombres planetarios de nuestra galaxia con los dioses paganos de la Tierra. El planeta Mercurio es un planeta muerto¹⁹⁵, quemado y carbonizado. En el no hay vida. No soy de la opinión de que Dios creo algo "muerto" sospecho que los angeles caídos tuvieron algo que ver con ese planeta que luego sufrió desolación por la ira de Dios. Recuerden que Satanás y un tercio de sus seguidores fueron echados del cielo y ellos volaban y volaban... El planeta Venus arde y brota volcanes incesantes. Nuestro planeta Tierra sufrirá una desolación similar por mil anos, donde primero se quemara con fuego y azufre y luego quedara desolado solo con su príncipe Satanás atado por cadenas¹⁹⁶ hasta que el Tabernáculo de Dios lo haga todo nuevo¹⁹⁷.

---

¹⁹⁵ No tiene servicio lumbrar
¹⁹⁶ Apocalipsis 20: 1-7
¹⁹⁷ Apocalipsis 21:3 y 5

Regresando al tópico central, en resumen vemos numerosas escrituras paralelas que el matrimonio de Génesis 6 fue desastroso para la humanidad. Y que el descendiente de esta unión condujo a la humanidad a actividades que fueron promovidas por demonios. Su descendiencia fue llamada "Nephilim" (los caídos), hibridos súper en fuerza e inteligencia que se hicieron de renombre mundial. Las leyendas de dioses en la mitología probablemente es una deformación de un acontecimiento verdadero ya que esas leyendas relatan una deformación del diluvio. Antes y después del diluvio se consideraban dioses en la Tierra "soy un dios en el exilio" exclamaban Farones y los auto-deificados Cesarianos de la corte Imperial Romana. El mismo Caligula pronuncio las siguientes palabras:

*"Existo desde el amanecer del **mundo, y existiré** hasta que la ultima estrella parta de la noche. ¡Y **he** tomado la forma de Gaio Calígula! ¡Soy todos los hombres como también soy ninguno! Por lo tanto soy... dios".*

¿Egocentrismo o media verdad envanecida? Acierto a las dos probabilidades ya que Lucifer pretendió algo muy parecido:

"[13] Tú que decías en tu corazón: Subiré al cielo; en lo alto, junto a las estrellas de Dios, levantaré mi trono, y en el monte del testimonio me sentaré, a los lados del norte";[14] *sobre las alturas de las nubes subiré, y seré semejante al Altísimo".* Isaias 14: 13-14

Los ángeles caídos y sus descendencias siempre estaban envueltos en caos y guerras no solo con el pueblo de Israel, sino también con ellos mismos. Por eso vemos como los enemigos de Israel del AT se mataban el uno al otro peleando por poder, fuerza y territorio. ¿Si Satanás tuvo la audacia de rebelarse al Creador del universo, y lo hizo en el cielo, no creen que también fue capaz de organizar un coup d'é·tat en contra de los ángeles caídos que se rebelaron contra el aquí en la Tierra, y que también quisieron ser dioses? Babilonia, el gran imperio fue derrotado por el imperio de Medo-Persia, y ese fue derrotado por el imperio Griego, y finalmente ese por el

Imperio Romano, y sucesivamente hasta el día de hoy. Aquí también hubo y sigue su rebelión. El peor de los crímenes lo hizo Satanás en el cielo al subordinarse a Dios, cuando el mismo se suicidó y fue también homicida. Palabras duras, pero ciertas. ¿Si se atrevió a desafiar al Altísimo, como no va a proliferar la Tierra con ángeles caídos practicando la inmoralidad sexual con los humanos? "[12] *Porque no tenemos lucha contra sangre y carne, sino contra principados, contra potestades, contra los gobernadores de las tinieblas de este siglo, contra huestes espirituales de maldad en las regiones celestes"*. Efesios 6:12

Por esa proliferación Satánica del hombre que Dios creo a Su imagen, El Señor intervino con un cataclismo en el cual sólo ocho personas fueron salvas, e intervendrá nuevamente con fuego y azufre[198] como en los días de Sodoma y Gomorra. Lot y sus dos hijas huyeron de la iniquidad a la ciudad de Zoar sin volver la vista a la cuidades que fueron destruidas, pero la mujer de Lot miró atrás, a espaldas de él, y se volvió estatua de sal, por el amor al pecado y de su desobediencia[199]. No hay ninguna línea de Setitas o Cainitas encontrados después pero según la Biblia, hubo mas contaminación de genes después del diluvio[200] concluyendo que los "hijos de Dios" mencionados en el capítulo 6 de Génesis no fueron los hijos de Set que se casarón con las hijas de Caín. Aquel comportamiento es consecuente de los ángeles caídos que trataron de contaminar el línaje del Mesías. La descripción de "los hijos de Dios" fue usada exclusivamente para ángeles en el Antiguo Testamento, y no para describir al hombre justo. El peso de pruebas con la información que tenemos parece realmente concluir que los hijos de Dios de Génesis 6:2 y 4 son en efecto los ángeles caídos por lujuria (Los Nephilim).

---

[198] Lucas 17: 26 - 30
[199] Génesis 19: 26
[200] Génesis 6:4

Descripciones extra-Bíblicas

Como hemos leído, Dios no se limita al tiempo, y lo usa a su voluntad y buen placer, aunque la Santa Biblia es la suma autoridad de la Palabra de Dios, escritores posteriores inspirados pueden con mas lucidez describir detalles sobre personas y acontecimientos descritos en la Biblia. Las adiciones en términos de detalles, de un privilegiado de tener escenas de visión o revelación de la historia Bíblica, no es más sorprendente que el hecho que uno encuentra detalles mencionados por un escriba de los diversos Evangelios que son omitidos por otra descripción del mismo acontecimiento en otro Evangelio. Pablo identifica a los magos egipcios por nombre (2 Tim. 3:8), mientras que en el libro de Éxodo 7:11 son anónimos. Judas describe una profecía de Enoc (Juda 14, 15) que nos aclara el registrado en el capítulo 6 de Génesis, pero que es oscuro al simple ojo y entendimiento humano. Las perspicacias similares por autores inspirados complementan el registro Bíblico, que permanece el único, autoritario, y la revelación de la voluntad de Dios.

El primer libro de Enoc es mas que revelador, profundo y absolutamente cautivante. Es el mas largo y el mas completo de los pergaminos hallados en la zona del Mar Muerto, hallados en Cueva #4 en Qumran de los escritos de Enoc. Pero aun, se ha hallado otro fragmento de la literatura temprana que salió a luz por ciertos manuscritos que fueron encontrados recientemente en Rusia y Servia y se conoce que ha sido conservado sólo en Eslavo[201] y es la obra que le presentare en este libro y conocido como Enoc 2 o Los Secretos de Enoc. Poco es conocido de su origen salvo que en su forma presente fue escrito en algún sitio sobre el principio de la era Cristiana y por su estilo profético se le acredita a Enoc. Su redacto final fue en griego y el lugar de su composición se cree fue

---

[201]Etimológicamente proviene de la palabra "esclavo" o "preso". Juan al escribir la inspiracion Divina de Apocalipsis era un "esclavo u preso" en la isla de Patmos (Apocalipsis 1:9).

en Egipto. Se piensa que la versión griega podría proceder a su vez de uno original hebreo u arameo. Aunque contiene algunas variaciones de datación del Génesis, su estilo es apocalíptico, contiene un gran valor intrínseco y su influencia ejerce en los incuestionable escritos del Nuevo Testamento. Enoc 2 aparenta ser una continuación del Libro de Enoc I en Etiope. Algunos textos oscuros de éste libro serian casi inexplicable sin la ayuda de ambos. Aunque el conocimiento que tal libro alguna vez existió fue perdido durante probablemente mas de 1200 años, sin embargo fue muy usado por Cristianos en los siglos tempranos y formo el documento más valioso en cualquier estudio del cristianismo temprano.

Al amalgamarse[202] el Nephilim con los hijos de los hombres Satanás pudó en si proliferar hasta cierto punto algunos humanos hijos de los hombres creados en la imagen de Dios. Pensando que al final llegaría a apoderarse del destino humano y que eventualmente toda la humanidad se evolucionara en hibridos desacreditando la creación del Creador, pero, Cristo vino a limpiarnos a todos con su preciosa sangra, incluyendo a muchos de los descendientes del Nephilim como los cananeos y otras tribus inmundas: *"[11] Porque el que santifica y los que son santificados, de uno son todos;"* Hebreos 2:11. Es mas, que a Cristo le interesaba que esos amalgamados fuesen salvos también, ya que toda creación proviene de Dios[203] al inicio de la creación y el ama a todas su criaturas. *"[11]por lo cual no se averguenza de llamarlos hermanos".* Hebreos 2:11 y *"[11] a todos me he hecho de todo, para que de todos modos salve a algunos"* 1 Corintios 9:22. Igual Jesús sano a la hija de una mujer Cananea. La mujer le pide misericordia a Cristo en Mateo 15: 22-28[204]:

---

[202] mezclarse o combinarse para hacer una combinación; mezcla; únion; combinar

[203] Hebreos 3:4

[204] Marcos 7.24-30

"²² Y he aquí una mujer cananea que había salido de aquella región clamaba, diciéndole: !Señor,Hijo de David, ten misericordia de mí! Mi hija es gravemente atormentada por un demonio. ²³ Pero Jesús no le respondió palabra. Entonces acercándose sus discípulos, le rogaron, diciendo: Despídela, pues da voces tras nosotros. ²⁴ El respondiendo, dijo: No soy enviado sino a las ovejas perdidas de la casa de Israel. ²⁵ Entonces ella vino y se postró ante él, diciendo: !Señor, socórreme! ²⁶ Respondiendo él, dijo: No está bién tomar el pan de los hijos, y echarlo a los perrillos. ²⁷ Y ella dijo: Sí, Señor; pero aun los perrillos comen de las migajas que caen de la mesa de sus amos. ²⁸ Entonces respondiendo Jesús, dijo: Oh mujer, grande es tu fe; hágase contigo como quieres. Y su hija fue sanada desde aquella hora".

Al llamar a Cristo *"!Señor, Hijo de David!"* nos implica que esa mujer cananea pudó identificar a Cristo como el Mesías. ¿Y pregunto como es posible que una mujer cananea en ese tiempo inmunda, pudó reconocer la verdadera identidad de Cristo? La respuesta la encontramos en Marcos 3: 10-12: *"¹⁰ Porque había sanado a muchos; de manera que por tocarle, cuantos tenían plagas caían sobre él". "¹¹ Y los espíritus inmundos, al verle, se postraban delante de él, y daban voces, diciendo: Tú eres el Hijo de Dios". "¹² Mas él les reprendía mucho para que no le descubriesen".* Por lo tanto podemos asumir que la cananea, por su descendencia y fondo de genes, también estaba poseida por algun demonio y que al mismo tiempo fue vicariosamente sanada atravez de su hija. Dios quiere que todos seamos salvos, leamos el texto que encontramos en 2 Pedro 3:9: *"⁹ El Señor no retarda su promesa, según algunos la tienen por tardanza, sino que es paciente para con nosotros, no queriendo que ninguno **perezca**, sino que todos procedan al arrepentimiento".* ¿Hace Dios alguna distinción hoy en día acerca de la nacionalidad, lengua, o tribu de su pueblo? Hoy en día todo los justos somos llamados "hijos" de la familia de Dios " y de su "casa": *"⁶ Pero Cristo como hijo sobre su casa, la cual casa somos nosotros, si retenemos firme hasta el fin la confianza y el gloriarnos en la esperanza".*

Hebreos 3:6. Para Dios no hay judío ni hay griego; sin importarle de que raza, tribu, o pertenencia étnica o genero seamos[205]. Todos somos descendientes del hombre Adán [206].

Conclusión

Aunque no soy gran experta sobre el sujeto para hablar de ello a fondo, se que uno de los métodos de datación absoluta usada por científicos, le calcula al planeta Tierra mas de 4.5 billones[207] de años de existencia. ¿Como es que ellos llegan a esta conclusión? Los años de la Tierra son medidos por el decaimiento de isótopos radiactivos[208] duraderos de elementos que ocurren naturalmente en rocas y minerales. Debido a estos calculos los cientificos pueden definir el periodo de semidesintegración (vida mitad) como el tiempo necesario para que un elemento reduzca su abundancia radiactiva a la mitad[209].

Bíblicamente conocemos que el orden actual del planeta Tierra tiene casi 6,000 años. ¿Como entonces se puede entender la teoria cientifica de que la Tierra tenga alrededor de unos 4.5 billones de años? Leeamos Génesis 1:2 para encontrarle una respuesta plausible a la pregunta: *"2 Y la Tierra estaba desordenada y vacía, y las tinieblas estaban sobre la faz del abismo, y el Espíritu de Dios se movía sobre la faz de las aguas"*. Reina-Valera version 1960.

---

[205] Gálatas 3:28
[206] Génesis 5: 1; 1 Cronicas
[207] mil millones
[208] Los isótopos son cualquiera de varias formas diferentes de un elemento y cada uno teniendo diferente masa atómica (número de masas).
[209] Este tiempo pudiendo ir desde varios segundos hasta 10.000 millones de años. El segundo supuesto es que los isótopos radiactivos se desintegran irreversiblemente siguiendo una ecuación exponencial: Estos métodos de datación, son firmemente basadas en la física y son conocidas colectivamente como datación radiométricas que son usadas para medir la ultima vez que la roca calculada fue o derretida o molestada lo suficiente para homogeneizar de nuevo sus elementos radiactivos.

Leamos Génesis 1:2 en la Nueva Versión Internacional: *"² La Tierra era un caos total, las tinieblas cubrían el abismo, y el Espíritu, de Dios iba y venía sobre la superficie de las aguas"*.

El versículo 2 nos dice en cualquiera de las dos versiones, de que la Tierra estaba "desordenada", "vacia" y que era un "caos" total donde el Espíritu de Dios iba y venia. Es plausible que la "masa atómica de isótopos" del caos y desorden terrenal existiesen por billones de años como pretenden los científicos, ya que la Biblia no data el tiempo del "caos" y el "desorden". Como Cristianos, creemos que Dios creo el mundo en 6 días, entonces aceptamos el orden actual de la Tierra y como equivale a unos 6,000 años.

Esta gran discrepancia de edades científicas y Bíblicas son significantes. Una posible explicación seria que Dios le dio "forma" al caos y al desorden, o sea a la masa atómica "pre-existente" y "longeva", cuando genero todas las cosas dentro, por encima y por debajo de ella. Dios es un observador afuera del tiempo, y no esta bajo las restricciones de tiempo, sino que Dios siempre existe (presente, pasado, y futuro). Dios es infinito. ¿Quien puede medir el tiempo de su existencia? Es muy probable que Cristo nos podrá aclarar este misterio en el milenio. Véase también la explicación que le da Enoc II a este tópico en el capítulo 26:3 de este libro. Con esto dicho, sabemos que Dios creo la forma y la organizacion del mundo en seis días; el capítulo uno de Génesis nos revela que al final del sexto día Él creo al hombre a Su imagen y semejanza usando el polvo de la Tierra llamándolo Adán [210]. La Biblia nos enseña que Dios terminó toda Su obra en seis días. Y que el séptimo día, el Sábado, fue bendecido por Él, y santificado como un día de reposo muy especial[211] entre todos los otros. Cada día de la

---

[210] Adán es derivado de la palabra hebrea "ha-adama" que significa "Tierra roja" o "Tierra" o "polvo" y es una referencia Bíblica de Adán formado del polvo de la Tierra.
[211] Hebreos 4:4

creación consistieron de 24 horas. Pero, para con el Señor un día es como mil años, y mil años como un día [212] (1^1000 = 1). Los seis días para Dios de la creación, representan 6,000 años de historia humana en los cuales Dios terminó su formación del primer mundo y que ahora también post-diluvio terminará su trabajo con respecto a la humanidad cuando esos 6,000 años transcurran. El numero 6 es importante ya que no es coincidencia de que la destrucción del mundo antiguo ocurre en el capítulo 6 de Génesis. Noé tenia 600 años cuando ocurrió el diluvio (y murieron todos los hombres que no estaban en el arcá) y también leemos en el versículo 6 del mismo capítulo donde nos dice *"Y se arrepintió Jehová de haber hecho hombre en la Tierra"*. El numero 6 representa al hombre el que no llega a la totalidad de la incorruptibilidad, a la Divinidad. Génesis 6:3 confirma que los seis días del Génesis representan 6,000 años, al final de los cuales Dios habrá de terminar su 1ra fase o etapa de su plan para la humanidad y entonces nos dara el descanso en el milenio de reposo, el 7^0 dia[213] o los 7,000 años. Es importante que recuerden que Génesis 6:3 nos dice: *"Y dijo Jehová: No contenderá mi espíritu con el hombre para siempre, porque ciertamente él es carne; mas serán sus días ciento veinte años"*. Jesús dijo que así como había ocurrido en los días de Noé, igualmente ocurriría en los días de su segunda venida. Tal y como Noé advirtió a los hombres de la Tierra por 120 años de la inminencia del castigo de Dios a través de un diluvio, de igual manera parece que Dios nos está advirtiendo que pasarán 120 años jubileos antes de la inminente destruccion del mundo con fuego y azufre y del definitivo castigo para el planeta Tierra. Cada año jubileo equivale a un período de 50 años de 360 días cada uno. ¡120 años jubileos (50 años x 120 años = 6,000 años)!

Otro libro interesante que les recomiendo lean en la tradición

---

[212] Salmos 90:4; 2da de Pedro 3:8
[213] Sábado

Enocquina es el Libro de Jubileos. Fragmentos de este libro también fueron hallados en Qumran, Cueva 4 con los otros pergaminos Enocquinos.

Como en Apocalipsis, las escrituras Enocquinas apelan y conmueven al lector prestándole alas a sus pensamientos para volar a reinos místicos. Aquí está una adaptación teatral extraña de la eternidad - con vistas de la Creación, Antropología, Astronomía y Ética. Y nos relata como fue que el mundo fue hecho en seis días mediante el primer Capítulo de Génesis, y como su historia sería llevada a cabo en 6,000 años, seguido por 1,000 años de descanso o el Sábado del séptimo día-- 7,000 años (cuando el equilibrio de fuerzas morales contrarias hallan sido golpeadas y la vida humana haga alcanzado el estado ideal en la Nueva Jerusalén, la Canaán Celestial). El Libro de Los Secretos de Enoc nos revela que hay un octavo día también y como al final del milenio comenzaría en el 8° Día Eterno-- 8,000 años[214], cuando el tiempo no sera contado más. Habrá una creación nueva en la Tierra eternamente de reposo para el pueblo de Dios[215].

¡El año agradable del Señor se nos acerca [216]!

---

[214] El Libro de los Secretos de Enoc 33:1
[215] Hebreos 4:1 y 9
[216] Lucas 4:19; Isaias 61:2 - Advenimiento de Cristo o su Segunda venida

Después de mucha oración y comunión con el Altísimo, es con mucho respeto, reverencia y temor Divino, que les presento en esta obra el segundo Libro de Enoc y sus Secretos.

Esta es mi fiel inspiración y traducción castellana de la Traducción inglesa de R. H. Charles.

He añadido números a los versos en cada capítulo y abundantes notas de pie, la mayoria con referencias Bíblicas, para una lectura más fácil y concordancia. El manuscrito original en eslavo, griego, hebreo y/o arameo no incluyen versos numéricos, concordancia o notas de pie Bíblicas debido a su antiguedad.

El Libro de

Los Secretos

de

Enoc

Esta edición es publicada del Libro de los Secretos de Enoc,
de la traducción inglesa de R. H. Charles
debido a su estado de esfera pública
fielmente inspirado y traducido por Sorgalim Sin.

Capítulo 1
El encuentro de Enoc con dos ángeles de Dios

¹ Había un sabio, un gran artesano, y el Señor concibió amor por él y lo recibió²¹⁷, de modo que él debiera contemplar las moradas más altas y ser un testigo vidente del Sabio y del gran reino inconcebible e inmutable del Dios Omnipotente, de las muy maravillosas y gloriosas y brillantes y multi-videntes estaciones de las huestes celestiales, y del trono inaccesible del Señor, y de los grados y manifestaciones de los anfitriones incorpóreos, y del ministerio inefable de la multitud de los elementos, y de varia aparición y cántico inexpresable de los Querubines, y de la Luz ilimitada²¹⁸.

² Entonces, él dijo, cuando mi año ciento sesenta y cinco fue completado, nació mi hijo Mathusalam.

³ Después de este también viví doscientos años y completé de todos los años de mi vida trescientos sesenta y cinco años.

⁴ Durante el primer día del mes yo estaba en mi casa solo y descansaba en mi cama y dormía.

⁵ Y cuando yo estaba dormido, una gran angustia subió en mi corazón, y yo lloraba en el sueño, y no podía entender lo que esta angustia era, o lo que me pasaría.

⁶ Y allí me pareció dos hombres, excediendo en grandeza de estatura, de modo que yo nunca viera tal en la Tierra; sus rostros brillaban como el sol, sus ojos como una luz ardiente, y de sus labios salia el fuego que emanaba sus vestuarias y canticos de varias clases de aspecto purpúreas, sus alas brillaban mas que el

---

²¹⁷ Génesis 5: 24
²¹⁸ Ezequiel 1:26-28; Mateo 25:31; Hebreos 12:1;
Apocalipsis 4: 1-11; 5:11

oro, y sus manos eran mas blancas que la nieve.

⁷ Ellos estaban de pie a la cabeza de mi cama y comenzaron a llamarme por mi nombre.

⁸ Y provine de mi sueño y vi claramente a aquellos dos hombres que estában de pie delante de mí.

⁹ Y los saludé y estuve en pánico y el aspecto de mi cara fue cambiado al terror, y aquellos hombres me dijeron:

¹⁰ Ten coraje, Enoc, no temas; ¡Dios eterno nos envió, y mirad! Desde hoy subirás con nosotros al cielo, y le dirás a tus hijos y a toda tu casa todo lo que ellos harán sin ti en la Tierra en tu casa, y no dejarás a nadie buscarte antes de que el Señor te devuelva a la Tierra.

¹¹ Y me di prisa de obedecerles y salí de mi casa, y me dirigi a las puertas, cuando me fue pedido, y convoque a mis hijos Mathusalam y Regim y Gaidad e hice conocer a ellos todas las maravillas que aquellos hombres me habían dicho.

Capítulo 2
La Instrucción de Enoc a su hijos

¹ Escúchenme, mis hijos, sé no adonde voy, o lo que me acontecerá; ahora por lo tanto, mis hijos, les digo: no se vuelvan en contra de Dios ante la cara del vano, quién no hizo ni el Cielo ni la Tierra, porque éstos fallecerán y aquellos que los adoran, y puede el Señor hacer volver²¹⁹ sus corazones hacia él. Y ahora, mis hijos, no piensen en buscarme, hasta que el Señor no me devuelva.

---

²¹⁹ Malaquias 4: 6

Capítulo 3

De la asunción de Enoc y como los ángeles lo llevaron al primer cielo

[1] Esto transcurrió, cuando Enoc había dicho a sus hijos, que los ángeles lo tomaron en sus alas y lo transfirieron al primer cielo y lo colocaron en las nubes. Y allí miré, y otra vez parecí más alto, y vi el éter, y ellos me colocaron en el primer cielo y me mostraron un gran mar, mayor que el mar terrenal.

Capítulo 4

De los ángeles que gobiernan las estrellas

[1] Ellos me mostraron a los ancianos[220] y los líderes de las órdenes estelares, y me mostraron doscientos ángeles, que gobiernan las estrellas y dan sus servicios al cielo, y vuelan con sus alas y flotan alrededor de todo aquello que navega.

Capítulo 5

De como los ángeles guardan los almacenes de la nieve

[1] Y aquí miré abajo y vi las casas de tesoro de la nieve[221], y a los ángeles que guardan sus terribles almacenes, y las nubes de donde ellos salen y por donde ellos van.

---

[220] Apocalipsis 4:4
[221] Job 38:22

Capítulo 6
Del rocío y del aceite de oliva, y varias flores

[1] Ellos me mostraron la casa de tesoro del rocío[222], como óleo de aceituna, y el aspecto de su forma, desde todas las flores de la Tierra; vi delante muchos ángeles que guardan las casas de tesoro de estas cosas, y como ellas son hechos para que cierren y abran.

Capítulo 7
De como Enoc fue llevado al segundo cielo

[1] Y aquellos hombres me tomaron y me condujeron al segundo cielo[223], y me mostraron la oscuridad, mayor que la oscuridad terrenal, y allí vi a presos atados, vigilantes, esperando el gran juicio ilimitado[224], y estos ángeles[225] eran de aspecto oscuro, más que la oscuridad terrenal y fabricaban llantos incesantes.

[2] Y dije a los hombres que estaban conmigo: ¿por qué son sin cesar atormentados éstos? Ellos me contestaron: Éstos son los apóstatas de Dios, que no obedecieron las órdenes de Dios, sino tomaron consulta en su propia voluntad[226], y siguieron a su príncipe, que también sera atado en el quinto cielo.

3 Y sentí gran compasión por ellos, y ellos me saludaron, y me dijeron: Hombre de Dios, ore por nosotros al Señor; y les contesté: ¿Quién soy yo, sino un hombre mortal, qué yo debería orar por ángeles? ¿Quién sabe adonde voy, o qué me acontecerá? ¿O quién orará por mí?

---

[222] Job 38:25; Isaías 26:19; Mateo 16:3; Lucas 12:54-57; Génesis 2:5
[223] Uno de los cielos inferiores como el 5° cielo
[224] 2 Pedro 2:4; Judas 6
[225] Nephilim – ángeles caídos, no santos
[226] Judas 1: 6-7

Capítulo 8

De la asunción de Enoc al tercer cielo

¹ Y aquellos hombres me tomaron de allí, y me condujeron al tercer cielo, y me colocaron allí; y miré hacia abajo, y vi que la calidad de los productos de esos sitios, eran como nunca han sido igualados.

² Y vi todos los árboles florecientes dulces y contemplé sus frutas, que eran de olor dulce, y toda la comida nacida por ellos burbujeante por la espiración flagrante.

³ Y en medio de los árboles el árbol de la Vida²²⁷, que se encuentra en aquel lugar donde el Señor descansa, cuando él sube al paraíso; y este árbol es de inefable calidad y fragancia, y embelleció más que cada cosa existente; y en todos sus lados tiene aspecto de oro y de bedelio²²⁸ y de fuego, y tiene productos de todas las frutas.

⁴ Su raíz está en el jardín al final de la Tierra.

⁵ Y el paraíso está entre la corruptibilidad e incorruptibilidad.

⁶Y dos primaveras dimanan miel y leche, y sus primaveras producen óleo y vino, y allí ellas se reparten en cuatro brazos²²⁹, y dan vuelta con fuerza tranquila, y bajan al PARAÍSO DEL EDÉN.

⁷ Y de allí ellos corren a lo largo de la Tierra, y tienen una revolución círcular justo igual que a la de los otros elementos.

⁸Y allí no hay ningún árbol infructuoso, y cada lugar es bienaventurado.

⁹ Y hay trescientos ángeles muy brillantes, quienes guardan el jardín, y con cánticos dulces e incesantes y las nuncas silenciosas voces sirven al Señor a lo largo de todos los días y horas.

---

²²⁷ Génesis 2: 9; Apocalipsis 22: 2
²²⁸ Génesis 2: 12
²²⁹ Génesis 2: 10-14

[10] Y dije: Cuan dulce es este lugar, y aquellos hombres me dijeron:

Capítulo 9
La exposición a Enoc del lugar de los justos y compasivos

[1] Este lugar, o Enoc, es prépaparado para los justos[230], quienes soportan toda manera de ofensa de aquellos que exasperan sus almas, y quienes apartan la vista de la iniquidad, y hacen el juicio honrado, y dan el pan al hambriento, y cubren al desnudo con ropa, y levantan al caído, y ayudan a huérfanos heridos, y quienes andan sin falta delante del rostro del Señor, y solo le sirven a el, pues para ellos está listo este lugar para la herencia eterna.

Capítulo 10
Ellos mostraron a Enoc el lugar terrible de atormentaciones de varios

[1] Y aquellos dos hombres me condujeron hacia el norte, y me mostraron allí un lugar terrible, y había toda manera de tormento en aquel lugar: la cruel oscuridad y la penumbra no iluminada, y no hay ninguna luz allí, es oscuro constantemente y arde desde lo alto, y hay un lago encendido con llamas[231], y en todas partes esta

---

[230] Apocalipsis 21: 1-7; 9-26; 22: 1-5, 14, 17

[231] Oseas 4:1-8; Malaquias 4:1; Efesios 5:3-7; Apocalipsis 20:10; 14-15. Tal pareciera una declaración oxímoronica (no hay luz, pero también hay llamas y fuego) pero es descrito en un sentido metafórico, en retórica, el **oxímoron** (del griego ὀξύμωρον, *oxymoron*), dentro de las figuras literarias, es una de las figuras lógicas; consiste en armonizar dos conceptos opuestos en una sola expresión, formando así un tercer concepto que dependerá de la interpretación del lector, y que toma siempre un nuevo sentido. Para su denominación se utiliza también el latinismo *contradictio in terminis*.

el fuego, y también hay helada y hielo, sed y temblor[232], y los límites son muy crueles, y los ángeles temerosos y despiadados, portan armas enojadas, es atormentación despiadada, y dije:

[2] ¡El Infortunio, el infortunio, cuan terrible es este lugar!

[3] Y aquellos hombres me dijeron: este lugar, O Enoc, está listo para aquellos que deshonran a Dios, son quienes practican el pecado en la Tierra contra la naturaleza, como la corrupción de niños en forma sodomita, y la fabricación de magia, encantos y brujería diabólica, y quiénes se jactan de sus malos hechos, robo, mentiras, calumnias, envidia, rencor, fornicación, asesinato, y quienes malditos, roban las almas de los hombres, y ven al pobre hambriento y le llevan sus bienes y ellos son ricos, mas los hierén para bienes corruptos; y siendo capaz de satisfacer el vacío del pobre, los hacen tener hambre de muerte; siendo capaz de vestir, los dejan desnudo; y no conocen a su Creador, y se doblan a dioses desalmados y sin vida, que no pueden ver, ni oír, dioses vanos, y también construyen imágenes talladas y arco debajo de sus obras sucias[233], para todos éstos están listos este lugar entre éstos, para la herencia eterna[234].

Capítulo 11
Aquí ellos llevaron a Enoc al cuarto cielo donde está el curso de sol y el de la luna

[1] Aquellos hombres me tomaron, y me condujeron al cuarto cielo, y me mostraron todos sus salidadas sucesivas, y todos los rayos de la luz y de la luna. [235]

---

[232] Santiago 2:19
[233] Malaquías 1:11; Apocalipsis 21:8
[234] Isaías 13:6-16
[235] Génesis 1: 14-17. Jeremias 10: 1-5

² Y medí sus salidas, y comparé su luz, y vi que la luz del sol es mayor que la de la luna.

³ Su círculo y sus ruedas siempre en movimiento, como el paso del viento con velocidad maravillosa, día y noche no tienen descanso.

⁴ Su paso y vuelta son acompañados por cuatro grandes estrellas y cada estrella tiene bajo ella mil estrellas, a la derecha de la rueda del sol, y con cuatro a la izquierda, cada una teniendo bajo ella mil estrellas, todas juntas ocho mil, resultan con el sol continuamente.

⁵ Y durante el día, quince miríadas de ángeles le asisten, y de noche mil.

⁶ Y seis incorpóreos alados y otros ángeles rondan la rueda del sol con llamas encendidas, y cien ángeles enciende el sol y producen la chispa de fuego para iluminarlo.

Capítulo 12
De los elementos muy maravillosos del sol

¹ Y miré y vi otros elementos volantes del sol, cuyós nombres son Fénix y Chalkydri, muy maravillosos, con los pies y colas en la forma de un león, y la cabeza de un cocodrilo, su aspecto es purpúreo, como el arco iris; su tamaño es novecientas medidas, sus alas parecen a aquellos de ángeles, cada uno tiene doce, y ellos asisten y acompañan el sol, aguantando el calor y el rocío, cuando les es pedido de Dios[236].

² Así el sol gira y va, y se eleva bajo el cielo, y su curso va bajo la Tierra con la luz de sus rayos sin cesar.

---

[236] Salmos 18: 4-6

Capítulo 13
Los ángeles tomaron a Enoc y lo colocaron en el oriente
a las puertas del sol

[1] Aquellos hombres me llevaron lejos al oriente, y me colocaron en las puertas del sol, donde el sol va adelante según la regulación de las temporadas y el recorrido de los meses del año entero, y el número del día de horas y noches.

[2] Y vi seis puertas abiertas, cada puerta tiene sesenta y un estadios y un cuarto de un estadio, y los medí realmente, y entendí su tamaño de ser inmenso, por que el sol va adelante, hacia el occidente, y es hecho a nivel, y se eleva a lo largo de todos los meses, y regresa otra vez por las seis puertas según la sucesión de las temporadas;

Capítulo 14
Ellos llevaron Enoc al Occidente

[1] Y otra vez aquellos hombres me llevaron a las partes occidentales, y me mostraron seis grandes puertas abiertas correspondiente a las puertas del Oriente, enfrente de donde el sol[237] se pone, según el número de los días trescientos sesenta y cinco y un cuarto.

[2] Así otra vez esto va a las puertas occidentales, y aparta de su luz, la grandeza de su resplandor, bajo la Tierra; ya que la corona de su brillantez está en el cielo con el Señor, y aguardada por cuatrocientos ángeles, mientras el sol da vuelta en la rueda bajo la Tierra, y mantiene siete grandes horas en la noche, y gasta la mitad de su curso bajo la Tierra, cuando se acerca del oriente en la octava

---

[237] Eclesiastés 12:2

hora de la noche, entonces emana sus luces, y la corona de su brillantez, y las llamas del sol son más fuertes que el fuego.

Capítulo 15
Los elementos del sol, el Fénix y Chalkydri se rompieron en canción

[1] Entonces los elementos del sol, llamado Fénix y Chahkydri se rompen en canción, y en cada agitación de ave con sus alas, celebran al Dador de luz, y se rompen en cántico a la orden del Señor.

[2] El Donante de la Luz[238] viene para traer el resplandor al mundo entero, y la guardia matutina toma su forma, que son los rayos del sol, y el sol de la Tierra sale, y recibe su resplandor para iluminar la cara entera de la Tierra, y ellos me mostraron estos cálculos del sol como va y viene.

[3] Y las puertas en las cuales el sol entra, éstas son las grandes puertas del cálculo de las horas del año; por esta razón el sol es una gran creación, cuyó recorrido dura veintiocho años, y comienza otra vez a partir del principio.

Capítulo 16
Y tomaron a Enoc y otra vez lo colocaron en el oriente en el curso de la luna

[1] Aquellos hombres me mostraron el otro curso, aquel de la luna[239], y doce grandes puertas, coronadas del oriente al occidente, por el cual la luna entra a sus acostumbrados tiempos.

---

[238] Juan 1: 7-10; 8:12; Apocalipsis 21: 3; 22: 5, 16
[239] Joel 2:31, Habacuc 3:11

[2] La luna entra por la primera puerta hacia los sitios occidentales del sol, por la primera puerta con treinta y un día exactamente, por la segunda puerta con treinta y un día exactamente, por la tercera con treinta días exactamente, por la cuarta con treinta días exactamente, por la quinta con treinta días exactamente, por la sexta con treinta y un día exactamente, por la séptima con treinta días, por la octavo con treinta y un día perfectamente, por la novena con treinta y un día exactamente, por la décima con treinta días perfectamente, por la undécimo con treinta y un día exactamente, por la duodécimo con veintiocho días exactamente.

[3] Y cursa por las puertas occidentales en el orden y el número de las del oriente, y lleva a cabo los trescientos sesenta y cinco y un cuarto los días del año solar, mientras el año lunar tiene trescientos cincuenta y cuatro, y allí le faltan doce días del círculo solar, que son las epactas lunares del año entero.

[4] Así, también, este gran círculo tiene quinientos treinta y dos años.

[5] Un cuarto de un día es omitido durante tres años, y el cuarto año lo realiza exactamente. Por lo tanto ellos son tomados fuera del cielo durante tres años y no son añadidos al número de días, porque ellos cambian el tiempo de los años a dos nuevos meses hacia la finalización, a dos disminuciones de los otros.

[6] Y tiene un curso séptuplo cada decimonoveno año.

Capítulo 17
De los cantos de los ángeles, que son imposibles de describir

[1] En medio del cielo vi a soldados armados, sirviendo al Señor, con tímpano y órganos, con voces incesantes, con voces dulces, con voces dulces e incesantes y con varios cánticos, que son imposibles de describir, y que sorprenden cada mente, tan maravillosos son los cánticos de aquellos ángeles, y estuve encantado escuchándole.

Capítulo 18
Y tomaron a Enoc al quinto cielo

¹ Los hombres me tomaron al quinto cielo²⁴⁰ y me colocaron, y allí vi a muchos y a soldados innumerables, llamados Grigori, del aspecto humano, y su tamaño era mayor que aquel de grandes gigantes, y sus caras marchitas, y el silencio de su boca perpetua, y no había ningún servicio en el quinto cielo, y dije a los hombres que estaban conmigo:

² ¿Por qué están tan marchitos éstos y lucen melancolía en sus rostros, y sus bocas son silenciosas, y por que no hay ningún servicio en este cielo?

³ Y ellos me dijeron: Éstos son los Grigori²⁴¹, quienes con su príncipe Satanael rechazaron al Señor de Luz, y con ellos son aquellos que son sostenidos en la gran oscuridad en el segundo cielo, y tres de ellos bajaron a la Tierra del trono del Señor, al lugar llamado Ermón, y se abrieron camino con sus votos, reunidos en el hombro de la colina Ermón y vieron a las hijas de los hombres que eran muy bellas, y las tomaron como sus mujeres, y ensuciaron la Tierra con sus hechos²⁴², y todo en aquellos tiempos se convirtió ilegal por su mezcla, y les nacieron hijos gigantes, titanes, los hombres grandes y maravillosos y hubo gran enemistad²⁴³.

⁴ Y por lo tanto Dios los juzgó con gran juicio, y ellos lloran por sus hermanos y todos serán castigados durante el gran día del Señor.

⁵ Y les dije a los Grigori: Vi a sus hermanos y sus obras, y sus grandes tormentos, y oré por ellos, pero el Señor los ha condenado

---

²⁴⁰ Otro de los cielos inferiores como el 2° cielo
²⁴¹ Los Nephelim – Los caídos – o Vigilantes
²⁴² Génesis 6:2, 4-5, 11-13
²⁴³ Génesis 6:4

para que permanezcan debajo de la Tierra hasta que el cielo existente y la Tierra se terminen para siempre.

[6] Y les dije: ¿Por qué esperan ustedes, hermanos, y no sirven delante del Señor, y no han puesto sus servicios antes el rostro del Señor, no sea que ustedes enfaden a su Señor completamente?

[7] ¡Y ellos escucharon mi advertencia, y hablaron a las cuatro rangos del cielo, y mirad! Estando yo de pie con esos dos hombres oí cuatro trompetas anunciar juntas con gran voz, y el Grigori rompió en canción en una sola voz, y la voz subió ante el Señor lastimosamente y afectuosamente.

Capítulo 19
Y tomaron a Enoc al sexto cielo

[1] Y luego aquellos hombres me tomaron y me colocaron en el sexto cielo, y allí vi siete bandas de ángeles[244], muy brillantes y muy gloriosos, y sus rostros brillan más que el sol brillante, brillantisimos, y no hay ninguna diferencia entre los rostros de uno al otro, o en su comportamiento, o manera de vestuario; y éstos deliberan órdenes, y conocen las salidas de las estrellas, y la alternación de la luna, y la revolución del sol, y el gobierno bueno del mundo.

[2] Y cuando ellos ven la maldad ellos dan órdenes e instrucciones, y cantan dulce y fuerte, y todo canto de alabanza.

[3] Éstos son los arcángeles [245] quienes están por encima de los ángeles, miden toda la vida en el cielo y en la Tierra, y los ángeles que son designados sobre temporadas y años, los ángeles quienes

---

[244] Apocalipsis 2:8
[245] Arcángeles. O, "ángeles dirigentes".Apocalipsis 2:8.   *Miguel es el Comandante (Cristo), Gabriel, Remiel, Rafael, Uriel, Yofiel, Pravuel y Fanuel

son sobre los ríos y los mares, y quienes cuidan sobre las frutas de la Tierra, dando el alimento a todos, a cada criatura y los ángeles que escriben todas las almas de los hombres y todos sus hechos, y proyectan sus vidas delante del rostro del Señor; en medio de seis Fénixes y seis Querubines y seis Serafines continuamente con una sola voz cantando en una sola voz, y no es posible describir su canto, y ellos alaban ante los pies del Señor.

Capítulo 20
De ahí ellos tomaron Enoc al séptimo cielo

[1] Y aquellos dos hombres me levantaron de allí al séptimo cielo, y vi allí una gran luz, y tropas encendidas[246] de grandes arcángeles[247], fuerzas incorpóreas y dominios, órdenes y gobiernos, Querubines y Serafines, tronos y muchos observados, nueve regimientos, las estaciones eoanitas de luz, y me atemoricé, y comencé a temblar con gran terror, y aquellos hombres me tomaron, y me condujeron después de ellos, y me dijeron:

[2] Ten coraje, Enoc, no temas, y me mostrarón al Señor desde lejos, sentando en su trono muy alto. ¿Que hay en el décimo cielo, ya que el Señor[248] mora allí? En el décimo cielo esta Dios, en la lengua hebrea le llaman Aravat[249].

[3] Y todas las tropas divinas se colocan de fila ante diez escalones según su rango, y se postran delante del Señor, y vuelven a sus sitios en alegría y felicidad, cantando canciones entre luz ilimitada con voces pequeñas y sensibles, maravillosamente sirviendo al Señor.

---

[246] Efesios 1:21; Coloesenses 1.16; 1 Pedro 3:22
[247] Arcángeles. o, 'ángeles principales
[248] El Señor en el 7º cielo parece ser Cristo Dios el Hijo (Tabernaculo)
[249] Aravat. o, 'Padre de la Creación'

Capítulo 21

Como los ángeles dejaron Enoc, al final de séptimo cielo, y se marcharon invisibles

[1] Y los Querubines y los Serafines que están de pie sobre el trono, y los seis alados y muchos observados nunca se marchan, estando de pie ante del rostro divino del Señor y cumplen su voluntad, y cubren su trono, y cantan con voz suave ante el Señor: Santo, Santo, Santo, el Señor del Sábado, y el cielo y Tierra son llenos de su gloria.[250]

[2] Cuando vi todas estas cosas, aquellos hombres me dijeron: Enoc, hasta aquí se nos es ordenado viajar contigo, y aquellos hombres se marcharon de mí y no los vi.

[3] Y permanecí solo al final del séptimo cielo y me atemoricé, y caí sobre mi rostro y dije a mí: ¿Cuan infortuno soy, qué me ha acontecido?

[4] Y el Señor envió uno de sus gloriosos, el arcángel Gabriel[251], y él me dijo: Ten coraje, Enoc, no temas, levante antes del rostro del Señor de la eternidad, levante, ven conmigo.

[5] Y le contesté, y dije en mí: Mi señor, mi alma es marchada de mí, de terror y temblor, y llamé a los hombres que me condujeron hasta este lugar, en ellos confié, y es con ellos que pensé ir antes del rostro del Señor.

[6] Y Gabriel me alcanzó, como una hoja alcanzada por el viento[252], y me colocó antes del rostro del Señor.

[7] Y vi el octavo cielo, que es llamado en la lengua hebrea

---

[250] Isaias 6:3; Apocalipsis 4: 1-9
[251] "uno de los siete ángeles más altos, llamadó Gabriel". Daniel 8:16, 9:21; Lucas 1:19, 26; Génesis 3:24; Exodo 25:18-22; Ezequiel 10:4-5
[252] Salmo 91:12

Muzalo[253], el cambiador de las temporadas, de la sequía, y del mojado, y de las doce constelaciones del círculo del firmamento, que están encima del séptimo cielo.

[8] Y vi el noveno cielo, que es llamado en la lengua hebrea Kuchavim[254], donde están las casas divinas de las doce constelaciones del círculo del firmamento.

Capítulo 22
En el décimo cielo el Arcángel Miguel
condujo a Enoc ante el SEÑOR

[1] En el décimo cielo, que es llamado Aravot[255], vi el aspecto de la cara del SEÑOR[256], como el hierro hecho para brillar en fuego, y emite chispas que queman[257].

[2] Así en un momento de la eternidad vi la cara del SEÑOR, pero el rosto del SEÑOR es inefable, maravilloso, temeroso y muy, muy terrible.[3] ¿Y quién soy yo para contar acerca del espíritu indecible del SEÑOR, y de su rostro tan maravilloso? Y no puedo contar la cantidad de sus muchas instrucciones, y varias voces, y el trono del

---

[253] Cielos Superiores

[254] Los universos y reinos espirituales distantes que están continuamente siendo evolucionados y re-evolucionados más allá del espectro visible tanto por el ojo humano o por la ciencia astronómica moderna. Los mundos Kuchavim son los reinos usados por las órdenes superiores angélicales de los Ofanim Principescos para generar un antídoto que reemplace los reinos inferiores de la energía espiritual falsa. Estas 12 constelaciones eclípticas divinas representan las doce puertas de la Ciudad Santa, por donde entraran los redimidos y los 144 por el noveno cielo (verse nota de pie 417). Para poder proceder del noveno cielo y entrar al décimo cielo donde esta el Padre y poder cantar el cántico de Moisés y el cántico del Cordero tendrán que ser uno de los 144 Apocalipsis 14: 3-5.

[255] Santuario - Lugar Santísimo

[256] SEÑOR – Dios el Padre

[257] Hebreos 12: 29

SEÑOR es muy grande[258] y no fue hecho por manos, ni puedo contar la cantidad de aquellos que están de pie alrededor de él, tropas de Querubines y Serafines, ni su canto incesante, ni su belleza inmutable: ¿y quién contará la grandeza inefable de su gloria?

[4] Y caí propenso e inclinado al SEÑOR, y el SEÑOR me dijo con sus labios: Ten coraje, Enoc, no temas, levántate y ponte delante de mi cara y mira hacia la eternidad.

[5] Y el arcistratege Miguel[259] me levantó, y me condujo antes el rostro del SEÑOR.

[6] Y el SEÑOR le dijo a sus gloriosos: Presenta a Enoc delante de mi y que mire hacia la eternidad; y los gloriosos se postraron ante el SEÑOR y han dicho: Que se cumpla Su voluntad hacia Enoc.

[7] Y el SEÑOR dijo a Miguel: Tomale a Enoc su ropa terrenal, y úngelo con mi ungüento dulce[260], y vistelo con la ropa de mi gloria.

[8] Y Miguel así hizo, como el SEÑOR le ordeno. Él me ungió, y me vistió, y el aspecto de aquel ungüento es más que la gran luz, y su ungüento parece al rocío dulce, y huele suave, brillando como el rayo del sol, y me vi, y lucí como uno de sus gloriosos[261].

[9] Y el SEÑOR convocó a uno de sus arcángeles por el nombre Pravuel[262], cuyó conocimiento era más rápido en sabiduría que los otros arcángeles, el cual escribió todos los hechos del SEÑOR; y el SEÑOR dijo a Pravuel: Saca los Libros de la Corte, y también una

---

[258] Génesis 17:1; Salmos 135: 6
[259] Miguel – Cristo, "Arcistrage - el comandante de los ejércitos de las naciones, llamadó Miguel". Daniel 10:13,21; 12:1; Judas 9; Apocalipsis 12:7
[260] Salmo 45:7 y Hebreos 1:9
[261] Gloriosos. O, "uno de los siete ángeles más altos".
[262] "uno que sirve al Padre"

pluma de escribir, y dadlos a Enoc, y entréguela la opción de libros consoladores de tu mano[263].

Capítulo 23
De las escrituras de Enoc, y como él escribió acerca de sus maravillosos viajes y de las huestes celestiales y él escribio trescientos sesenta y seis libros

[1] Y él me mostro todas las obras del cielo, Tierra y mar, y todos los elementos, sus pasos y salidas, el bramar de truenos, el sol y la luna, la salida y los cambios de las estrellas, las temporadas, años, días, y horas, las rebeliones de los vientos, el número de los ángeles, y la formación de sus canciones, y todas las cosas humanas, la lengua de cada canción humana en vida, los mandamientos, instrucciones, y cantos de voces dulces[264], y todas las cosas que se amérita aprender.

[2] Y Pravuel me dijo: todas las cosas que te hemos dicho, hemos escrito. Siéntate y escribe todas las almas de la humanidad, cuantas nazcan, y los sitios listos para ellos a la eternidad; ya que todas las almas están listas desde la eternidad, antes de la formación del mundo[265].

[3] Y fueron treinta doble días y treinta noches, y escribí todas las cosas exactamente, y escribí trescientos sesenta y seis libros.

---

[263] Apocalipsis 10
[264] Salmos 96 y 98:1
[265] Libro de la Vida y Libro de la Muerte

94

Capítulo 24

De los grandes secretos de Dios, que Dios reveló y dijo a Enoc, y habló cara a cara con él

¹ Y el SEÑOR me convocó, y me dijo: Enoc, siéntate a mi izquierda con Gabriel.

² Y me doblé delante del SEÑOR, y el SEÑOR me habló: Enoc, querido, todo lo que vez, son todas las cosas que están de pie y fueron terminadas antes del principio, todo lo que creé que no era, y cosas visibles de lo invisible.

³ Oíd, Enoc, y toma Mis palabras, porque ni siquiera a mis ángeles les he revelado mi secreto, y no les he dicho acerca de su creación, ni de mi reino interminable, tampoco ellos han entendido mi propia creación, que hoy te digo a ti.

⁴ Ya que antes de que todas estas cosas fueran visibles, YO solo solía ir sobre las cosas invisibles, como el sol del oriente al occidente, y del occidente al oriente[266].

⁵ Pero hasta el sol tiene la paz en sí mismo, mientras YO no encontré ninguna paz, porque YO creaba todas las cosas y concebí un pensamiento de crear fundaciones, y de crear la creación visible[267].

---

[266] Génesis 1: 2
[267] Jeremias 32:17

Capítulo 25

Dios le relata a Enoc, como de las partes más profundas creo lo visible e invisible

¹ ¡Ordené en las partes más bajas, que las cosas visibles deberían bajar invisible, y Adoil²⁶⁸ bajó muy grande, y lo contemplé, y Él tuvo un vientre de gran luz!

² Y le dije: Hágase deshecho, Adoil, y dejad lo visible salir de ti²⁶⁹.

³ Y él se hizo deshecho, y una gran luz salió. Y YO estaba en medio de la gran luz, y cuando allí nació la luz de la Luz, también vino adelante una gran edad, y mostró toda la creación, que YO había pensado para crear.

⁴ Y coloqué para mí un trono, y tomé mi asiento en el, y dije a la luz: Vaya de ahí más alto y fíjese por encima del trono, y se una fundación a las cosas más altas²⁷⁰.

⁵ Y encima de la luz no hay nada más, y luego me doblé y alcé la vista desde mi trono.

Capítulo 26

Dios cita por segunda vez de lo profundo que Arcas, muy pesado y muy rojo saliese

¹ Y convoqué por segunda vez, y a lo más bajo dije: Deje que Arcas²⁷¹ salga adelante con fuerza, y él salio con fuerza de lo invisible.

---

²⁶⁸ Adoil. O, 'Luz de Creación.'
²⁶⁹ Génesis 1: 3
²⁷⁰ Génesis 1: 8
²⁷¹ Arcas. O, "Espíritu de Creación".

^{2} Y Arcas vino hacia adelante, fuerte, pesado, y muy bermejo.

^{3} Y dije: Sed abierto, Arcas, y dejad que nazcan de ti, y él se hizo deshecho, y prosiguió una edad, muy grande y muy oscura, aguantando la creación de todas las cosas inferiores, y vi que era bueno y le dijo:

^{4} Ved allí abajo, y háste firme, y se una fundación para las cosas inferiores, y pasó y bajó y se hizo fijó, y se hizo la fundación para las cosas inferiores, y debajo de la oscuridad no hay nada más[272].

Capítulo 27
De como Dios fundó el agua, y la rodeó de la luz, y estableció en ella siete islas.

^{1} Y ordené que se tomara de la luz y de la oscuridad, y dije: Hagasé grueso, y se hizo así, y lo extendí con la luz, y esto hizo el agua, y la extendí sobre la oscuridad, y debajo de la luz[273], y luego hice las aguas firmes, o sea el sin fondo, e hice la fundación de la luz alrededor del agua, y creé siete[274] círculos adentro, e imaginé el agua como el cristal mojada y seca, o sea como el vidrio, y la circuncisión de las aguas y de los otros elementos, y le mostré a cada uno de ellos su camino, y a las siete estrellas[275] a cada uno de su cielo, en el que van, y vi que era bueno.

^{2} Y separé entre la luz y entre la oscuridad, o sea en medio del agua

---

[272] Génesis 1: 10
[273] Génesis 1: 6
[274] Los continentes en su forma original : África, Antártida, Norteamérica, Sudamérica, Asia, Europa y Oceanía
[275] Posible las mas brillantes y cercanas al planeta Tierra y visibles al ojo humano: La Pirámide de luz estelar principal del control central en nuestro universo es Orión – o estrellas como Sirius, Canopus, Alpha Centauri, Arcturus, Vega, Capella y Rigel.

aquí y allí, y dije a la luz, que debería ser el día, y a la oscuridad, que este debería ser la noche, y hubo tarde y hubo mañana el primer día[276].

Capítulo 28

La semana en la cual Dios mostró a Enoc toda su sabiduría y poder, a lo largo de todos los siete días, como él creó todas las fuerzas divinas y terrenales y todas las cosas de movimiento hasta al mismo hombre.

[1] Y luego hice firme el círculo divino, e hice que las aguas inferiores que están bajo el cielo se coleccionen juntas[277], en una todas, y que el caos se hicieron seco, y se hizo así.

[2] De las ondas del mar creé la roca fuerte y grande, y de la roca amontoné lo seco, y a lo seco lo llamé la Tierra[278], y el medio de la Tierra lo llamé el abismo, o es decir el sin fondo, coleccioné los mares en un solo lugar y los até juntos con un cordel[279].

[3] Y dije a los mares: Contemplad les doy sus límites eternos, y no se romperán ni soltaran de sus partes componentes.

[4] Así hice rápido el firmamento. Este día llamé el primero creado.[280]

---

[276] Génesis 1: 5 - Domingo
[277] Génesis 1: 9
[278] Génesis 1: 10
[279] Job 38:5
[280] Domingo

Capítulo 29

Entonces esto se hizo la tarde,
y luego otra vez mañana, y esto fue el segundo[281];
la esencia encendida

[1] Y todas las tropas divinas creé[282] en la imagen y la esencia del fuego, y mi ojo miró a la roca tan fuerte, firme, y por el destello de mi ojo el relámpago recibió su maravillosa naturaleza, que es tanto fuego en el agua como el agua en el fuego, y el uno no apaga al otro, tampoco el otro seca al otro, por lo tanto el relámpago es más brillante que el sol, más suave que el agua y mas firme que la roca.

[2] Y de la roca corté un gran fuego, y del fuego creé las órdenes de las diez tropas incorpóreas de ángeles, y sus armas son flamantes y sus vestidos son llamas ardientes, y ordené que cada uno debiera estar de pie según su orden.

[3] Y uno entre la orden de ángeles, habiendo girado lejos con la orden que estaba bajo él, concibió un pensamiento imposible, colocar su trono más alto que las nubes encima de la Tierra, y él pretender igualarme en rango y a mi poder[283].

[4] Y lo lancé de la altura con sus ángeles[284], y él volaba por el aire continuamente encima del sin fondo.

---

[281] Lunes
[282] Génesis 1:8, Génesis 2:1, 4
[283] Isaias 14: 12 – 15; Isaias 40:25-26; Ezequiel 28: 11 – 19,
[284] Lucas 10: 18; Apocalipsis 7: 9

Capítulo 30
Y luego creé todo los cielos,y fue el tercer día

[1] Durante el tercer día[285] le ordene a la Tierra que cultivase árboles grandes y fructuosos, y colinas, y semilla para sembrar, y planté el Paraíso[286], y lo encerré, y coloqué a ángeles guardiantes flamantes y armados, y así creé la Renovación[287].

[2] Entonces la tarde vino, y también vino la mañana y el cuarto día[288].

[3] Durante el cuarto día ordené que hubieran grandes luces en los círculos divinos[289].

[4] En el primer círculo más alto coloqué las estrellas[290], y a Kronos[291], y en el segundo Aphroditê [292], en el tercero Ares [293], en el quinto Zeus [294], y el sexto Hermes [295], en el séptimo a la Luna[296], y los embellecí con estrellas menores.

[5] Y en el cielo más abajo coloqué el sol para la iluminación del día, y la luna y las estrellas para la iluminación de la noche[297].

---

[285] Martes
[286] Génesis 1: 11-13 (Eden)
[287] Zacarías 6: 12
[288] Miercoles
[289] Génesis 1: 14-15
[290] Salmos 18: 1 y Salmos 147:3
[291] Griego para el Planeta Saturno
[292] Griego para el Planeta Venus
[293] Griego para el Planeta Martes. El fragmento Eslavo u Griego, o la traducción Inglesa de R.H. Charles no incluye descripción del 4^0 circulo u planeta como Urano que no es visible al ojo humano.
[294] Griego para el Planeta Jupiter
[295] Griego para el Planeta Mercurio
[296] Luna en Griego es Selenê, es considerada un planeta por los astronomos antiguos.
[297] Génesis 1: 16

[6] El sol que debería ir según cada constelación-doce[298], y designé las de los meses y sus nombres y vidas, y sus truenos, y sus horarios, y sus sucesiones.

[7] Entonces la tarde vino y la mañana vino el quinto día.[299]

[8] Durante el quinto día ordené al mar, que diera peces y las aves emplumadas de muchas variedades y todos los animales que se arrastran sobre la Tierra en cuatro pie, y que se elevan en el aire, masculinos y femeninos, y cada alma que respira el espíritu de la vida[300].

[9] Y allí vino la tarde, y allí vino la mañana el sexto día[301].

[10] Durante el sexto día ordené que mi sabiduría creara al hombre[302] de siete consecuencias: Una, su carne de la Tierra; dos, su sangre del rocío; tres, sus ojos del sol; cuatro, sus huesos de piedra; cinco, su inteligencia de la rapidez de los ángeles y de las nubes; seis, sus venas y su pelo de la hierba de la Tierra; siete, su alma de mi aliento y del viento.

[11] Y le di siete naturalezas, la audiencia de carne, los ojos para la vista, el olfato para el alma, las venas para el tacto, la sangre para el gusto, los huesos para la resistencia, la inteligencia el placer del dulzor.

[12] Concebí una astucia que dice: "Lo creé de lo invisible y de la naturaleza visible, tanto de su muerte como de su vida y de su imagen, él hombre conoce el discurso de algunas cosas creadas,

---

[298] Representan las doce tribus de Israel, sus características y sus épocas correspondientes. Habrán 12 puertas a la entrada de la Nueva Jerusalén, con los 12 nombres de las tribus de Israel. Cada persona con cada característica tribal entrara por su puerta correspondiente. Apocalipsis 21: 9-13

[299] Jueves

[300] Génesis 1: 21

[301] Viernes

[302] Génesis 1: 26 - 27

pequeñas en la grandeza y otras veces grandes en la pequeñez, y lo coloqué en la Tierra, un segundo ángel, honorable, grande y glorioso, y lo designé como la regla para gobernar en la Tierra y tener mi sabiduría, y no había ninguno como él de la Tierra de todas mis criaturas existentes"[303].

[13] Y le designé un nombre, de los cuatro puntos cardinales[304], del oriente, del occidente, del sur, y del norte, y designé para él cuatro estrellas especiales, y llamé su nombre Adán, y le mostré los dos caminos, la luz y la oscuridad, y le dije:

[14] Esto es el bién, y esto es el mal, para saber si él tenia amor hacia mí, u odio, para estar claro que de su raza me amaban[305].

[15] Ya que he visto su naturaleza, pero él no ha visto su propia naturaleza, por lo tanto por no ver, él pecaría peor, y dije: ¿"Después del pecado qué mas hay, sino la muerte"?

[16] Y derrame el sueño sobre él y él se durmió. Y tomé de él una costilla, y le creé una esposa, para que la muerte le viniera por la mujer, y tomé la última palabra de su nombre y la llamé madre, o sea, Eva[306].

---

[303] Hebreos 2: 6-8

[304] Adán – Tierra roja (de 4 orientaciones cardinales: oriente, occidente, norte y sur). Génesis 2: 7

[305] Génesis 2:17. Mas sin embargo, al final de un gran ciclo de tiempo, el Padre permite que órdenes caídas de inteligencia, algunas de las cuales son creaciones físicas grotescas como Satanás, aparezcan repentinamente sobre los planisferios como la Tierra para tentar al hombre tal como Satán tentó a *Jesús*. Esta es la última tentación a la que la humanidad está siendo sometida colectivamente, para ver si serviremos a los "dioses ángelicales y espaciales" menores, o si compartiremos amor con las Jerarquías de la Gloria del Padre, del Hijo y del Espiritu Santo.

[306] Génesis 2:18, 21-23; Génesis 3:20

Capítulo 31

Dios dedica el Paraíso a Adán, y le da orden de ver el cielo abierto, y que vieran a los ángeles cantar la canción de Victoria

¹ Y le di vida Adán en la Tierra, y le creé a un guardián en el Edén en el oriente, que él debería observar el testamento y guardar el orden.

² E hice el cielo abierto a él, que él debería ver a los ángeles cantar la canción de victoria, y la luz sin tinieblas.

³ Y él estaba continuamente en el Paraíso, y el diablo entendió que quise crear otro mundo, porque Adán era el señor en la Tierra, para gobernarla y controlarla[307].

⁴ El diablo es el espíritu maligno de los sitios inferiores, como un fugitivo se hizo Sotona[308] del cielo cuando su nombre era Satanael[309], así él se hizo diferente de los ángeles[310], pero su naturaleza no cambió su inteligencia y por su entendimiento de cosas honradas y pecadoras.

⁵ Y él entendió su condena y el pecado que él había cometido, por lo tanto él concibió pensamiento contra Adán, en tal forma él entró y sedujo a Eva con su astucia, pero no tocó a Adán[311].

⁶ "Y maldeci la ignorancia, pero lo que bendije antes, aquello no maldeci, maldeci no al hombre, ni la Tierra, ni a otras criaturas, sino la mala fruta del hombre, y a sus obras[312].

---

[307] Génesis 2:15
[308] Sotona, O, 'Diana, Divina'
[309] Satanael. O, 'El impío". En hebreo Ha-Satán significa 'El Adversario' indicando el adversario o "Líder', o Lucifer.
[310] Su naturaleza inmediatamente cambio después de su desobediencia, la de ángel santo a Nephal (Caido). Su naturaleza ahora es otra, ya no es angel de luz y sus demonios son Nephilim (caidos).
[311] Génesis 3: 1-6, 13
[312] Génesis 3: 15-18

Capítulo 32

Después del pecado de Adán Dios lo despide a la Tierra de donde él lo tomó, pero no desea arruinarlo por todos los años

¹ Le dije: "De la Tierra eres, y de la Tierra de donde te tomé allá iras, y no te arruinaré, pero te enviaré de donde te tomé"[313].

² "Entonces podre recibirte otra vez en mi segunda presencia"[314]. Y bendije a todas mis criaturas visibles e invisibles. Y Adán existió cinco horas y media[315] en el Paraíso. Y bendije el Séptimo Día[316], que es el Sábado en el cual descansé de todos mis obras[317].

Capítulo 33

Dios muestra a Enoc la edad de este mundo, y de su existencia de siete mil años, y los ocho mil que son el final, ni mas años, ni mas meses, ni mas semanas, ni mas días

¹ Y designé el octavo día también, y que el octavo día debería ser el primero creado después de mi trabajo, y que los primeros siete giran en la forma del séptimo mil[318], y que a principio del octavo mil debería haber un tiempo para no contar, interminable, ni con

---

[313] Génesis 3:19
[314] 1 Tesalonicenses 4:16 o muy probable Mateo 27:52-53
[315] Proféticamente media hora equivale a 7 días y medio, es posible que ellos estuvieron en el Edén 82 días y medio. Suponiendo que media hora son 7.5 días, entonces 1 hora profética equivale a 15 días (1 hora = 15 días x 5.5 horas = 82.5 días (Apocalipsis 8:1). Pero es imposible decir con certeza. Las 5.5 horas también pudiese ser literales y no horas proféticas porque el libro describe la creacion cronológicamente en sucesos de seis días. La terminología usada en el libro es literal y no simbólica.
[316] Sábado
[317] Génesis 2:1-3
[318] Apocalipsis 20: 6

años, ni con meses, ni semanas, ni días, ni horas"[319].

² "Y ahora, Enoc, todo lo que te he dicho, todo lo que haz entendido, todo lo que haz visto de cosas divinas, todo lo que haz visto en la Tierra, y todo lo que he escrito en los libros por mi gran sabiduría, todas estas cosas que he ideado y he creado desde la fundación más alta hasta la más baja y hasta el final, y no hay ningún consejero, ni heredero de mis creaciones.

³ "Soy autoeterno, no hecho por manos, y sin cambio"[320].

⁴ Mi pensamiento es mi consejero, mi sabiduría y mi palabra son hechos, y mis ojos observan todas las cosas como ellas están de pie aquí y tiemblan con terror[321].

⁵ "Si giro lejos mi rostro, entonces todas las cosas serán destruidas".

⁶ "Y concéntrate, Enoc, y conoce al quien te habla, y toma los libros que tu mismo haz escrito".

⁷ "Y te doy a Samuil[322] y a Raguil[323], quién te condujeron aquí, y te doy los libros, y baja a la Tierra, y dale a tus hijos todo lo que te he dicho, y todo lo que tu haz visto, del cielo inferior hasta mi trono, y de todas las tropas".

⁸ YO cree todas las fuerzas, y no hay quien me resista o no estén sujetos a mi. Porque todos están sujetos a mi monarquía, y trabajan para mi única orden.

⁹ "Y dejalos distribuir los libros escritos por tu mano a sus hijos y a los hijos de tus hijos, de generación a generación, y naciones a naciones".

---

[319] Apocalipsis 22: 5
[320] Numeros 23: 13; Malaquías 3: 6; Hebreos 1:12; Santiago 1: 17; Apocalipsis 1: 8; 21:6; 22: 13
[321] Santiago 2: 19
[322] Samuil. O, "Sariel".
[323] Raguil. O, "Raguel".

[10] "Y te daré Enoc, mi Intercesor[324], el Arcistratege Miguel, según los escritos de tus padres Adán, Set, Enos, Cainan, Mahaleleel, y Jared tu padre".

Capítulo 34
Dios condena a los idólatras y a los fornicadores sodomitas, y por lo tanto, rebaja un diluvio

[1] Ellos han rechazado mis mandamientos y mi yugo, y ha subido semilla sin valor[325], sin temor a Dios, y ellos no se postran delante de mí, pero han comenzado a postrarse delante de dioses vanos, y han negado mi unidad y han cargado la Tierra entera con falsedades, ofensas, con actos abominables y lascivos, el uno con el otro, y toda manera de otras maldades sucias, que son salaces e indecentes de relatar.

[2] Y por lo tanto rebajaré un diluvio sobre la Tierra y destruiré a todos los hombres, y la Tierra entera se derrumbará en la gran oscuridad[326].

Capítulo 35
Dios salva a solo un hombre honrado de la tribu de Enoc, con su familia, que era el único que hacia el placer y la voluntad de Dios

[1] Contemple y de tu semilla se levantará otra generación, mucho después, pero de ellos muchos serán insaciables[327].

---

[324] Nuestro Intercesor Jesucristo quien es Miguel - Hebreos 7:25; Juan 17:1-26; Lucas 22:31-32
[325] Génesis 6:4, Libro de Jaser 2: 2-6
[326] Génesis 6:17
[327] Génesis 6:9 (Noé)

² Aquel que cría aquella generación les revelará los libros de tu letra, de tus padres, a ellos a quienes él debe indicar la tutela del mundo, a los hombres fieles y los trabajadores de mi voluntad, que no reconocen mi nombre en vano.

³ Y ellos le dirán a otras generaciones[328], y aquellos otros que han de leer serán glorificados a partir de entonces, más aun que los primeros.

Capítulo 36

Dios ordenó que Enoc volviese a la Tierra por treinta días, y que le diera instrucciones a sus hijos y a los hijos de sus hijos y después de treinta días él fue otra vez tomado al cielo

¹ Ahora, Enoc, te doy el término de treinta días para pasar en tu casa, y dile a tus hijos y a toda tu casa, que los mensajes de los libros que les traes y que son escritos con tu letra son directos de mi cara y de mi boca, y que ellos puedan leerlos y entenderlos, para que sepan que no hay ningún otro Dios, sino YO.

² Y para que ellos siempre pueden guardar mis mandamientos, y que comiencen a leer y tomar los libros escritos por tu letra.

³ Y después de treinta días enviaré a mi ángel para que él te tome de la Tierra y de tus hijos para mí.

---

[328] Génesis 12 (Abraham); Génesis 46: 3 (Israel); Apocalipsis 12:1 (una mujer vestida de sol - La Iglesia de hoy)

Capítulo 37
Aquí Dios emplaza a un angel

¹ Y el Señor clamó a uno de los ángeles más viejos, terrible y amenazante, y lo colocó delante mí, de aspecto blanco como la nieve, y sus manos como el hielo, teniendo el aspecto de gran helada, y él congeló mi cara, porque yo no podía soportar el terror del SEÑOR, como no es posible soportar el fuego de una estufa y el calor del sol, y la helada del aire.

² Y el SEÑOR me dijo: "Enoc, si tu cara no fuese congelado aquí, ningún hombre será capaz de contemplarla".³²⁹

Capítulo 38
Mathusalam siguió teniendo esperanza y esperaba a su padre Enoc, día y noche en la casa de su padre

¹ Y el SEÑOR dijo a aquellos hombres que primero me condujeron: "Dejen a Enoc bajar a la Tierra con ustedes, y esperen hasta el día decidido".

² Y ellos me colocaron por la noche en mi cama.

³ Y Mathusalam que esperaba mi llegada, y guardaba las horas durante el día y durante la noche al lado de mi cama, fue sobrecogido cuando él oyó mi llegada, y le conté, dejad a toda mi casa venir a mi, y les digo todo.

---

³²⁹ Libro de Jaser 3:20

Capítulo 39

La advertencia lamentable de Enoc a sus hijos, hablandoles con llanto y gran lamentación

[1] Ay mis hijos, mis queridos, escuchen la advertencia de su padre, tanto como es según la voluntad del SEÑOR.

[2] Me han permitido venir hoy, y les anunció no de mis labios, sino de los labios del SEÑOR, todo lo que es y lo que era y todo lo que es ahora, y todo lo que será hasta el día del Juicio Final.

[3] Ya que el SEÑOR me ha dejado venir, por lo tanto ustedes oyen las palabras de mis labios, de un hombre engrandecido para ustedes, pero es que soy yo el quién ha visto la cara del SEÑOR, como el hierro hecho para brillar del fuego que demana chispas y quema.

[4] Miren hacia mis ojos, que son los ojos de un hombre engrandecido de sabiduria para ustedes, porque he visto los ojos del SEÑOR, brillando como los rayos del sol y sobrecogiendo los ojos del hombre.

[5] Ustedes ven ahora, mis hijos, la mano derecha de un hombre que les ayuda, pero yo he visto la mano derecha del SEÑOR llenar el cielo cuando él me ayudó.

[6] Ustedes ven la brújula de mi trabajo como son sus propias, pero yo he visto al SEÑOR ilimitado con su perfecta brújula, que no tiene final.

[7] Ustedes oyen las palabras de mis labios, cuando yo oí la voz del SEÑOR, como grandes truenos[330], sin cesar como lanzamiento de nubes.

---

[330] Job 40.9; Salmos 29; Juan 12: 28 – 29; Apocalipsis 4: 5; 8:5; 10:1-4; 14:2

⁸ Y ahora, mis hijos, oigan los discursos del Padre de la Tierra, cuan temeroso y terrible es venir antes de la cara de la Regla del cielo, del Regulador de lo rápido y de la muerte, y de las tropas divinas. ¿Quién puede soportar aquel dolor interminable?

Capítulo 40
Enoc reprende a sus hijos verdaderamente de todas las cosas dichas por los labios del SEÑOR, como él dijo y oí y anote

¹ Y ahora, mis hijos, sé todas las cosas, desde los labios del SEÑOR, y mis ojos han visto, desde el principio hasta el final.

² Sé todas las cosas, y he escrito todas las cosas en libros, el cielo y su final, y toda su plenitud, y todos los ejércitos marchantes.

³ Tengo medidas y descritas las estrellas, y la gran multitud innumerable de ellas.

⁴ ¿Qué hombre ha visto sus revoluciones, y sus entradas? Ni siquiera los ángeles saben su número, mientras yo he escrito todos sus nombres.

⁵ Y medí el círculo del sol, y medí sus rayos, conté las horas, anoté todas las cosas que revisan la Tierra, he escrito las cosas que son alimentadas y toda la semilla sembrada y no sembrada, que la Tierra produce y todas las plantas, y cada hierba y cada flor, y sus olores dulces, y sus nombres, y los sitios donde moran las nubes, y su composición, y sus alas, y como ellos aguantan la lluvia y las gotas de lluvia.

⁶ E investigué todas las cosas, y escribí el camino de los truenos y el relámpago, y ellos me mostraron las llaves y sus guardas, su subida, el modo que ellos van; son soltados suavemente a su medida por una cadena, ya que no sea que por una cadena pesada y violenta se lanzaran abajo las nubes enojadas y destruyan todas las cosas en la Tierra.

⁷ Escribí las casas de tesoro de la nieve, y los almacenes del frío y el aire helado, y observé a sus alguaciles con las llaves de las temporadas, Él llena las nubes de ellos, y aquellos no agotan las casas de tesoro.

⁸ Y escribí los sitios donde descansan los vientos y observé y vi como su uso en las pesas clave son pesados en balanzas y medidas; primero, ellos los ponen en una escala de peso, luego en las otras balanzas son pesados y son soltados según la medida hábilmente sobre la Tierra entera, no sea que por la respiración pesada ellos hagan que la Tierra se estremezca.

⁹ Y medí la Tierra entera, sus montañas, y todas las colinas, campos, arboles, piedras, ríos, y anoté todas las cosas existentes, la altura de la Tierra al séptimo cielo, y hacia abajo a las colinas más bajas, y el lugar del juicio, y el infierno muy grande, abierto y lloroso.

¹⁰ Y vi como los presos sufrían, esperando el juicio ilimitado.[331]

¹¹ Y anoté todos aquellos juzgados por el juez, y todos sus juicios y oraciones y todas sus obras.

Capítulo 41
De como Enoc lamentó el pecado de Adán

¹ Y vi a mis antepasados a partir de todo el tiempo con Adán y Eva[332], y suspiré y me rompí en rasgones y dije de la ruina de su deshonra:

---

[331] Salmos 68:19; Efesios 4:9; 1 Pedro 3:19,20
[332] Mateo 27:52-53 "Y se abrieron los sepulcros, y muchos cuerpos de santos que habian dormido, se levantaron;Y saliendo de los sepulcros, despues de la resurreccion de el, vinieron a la santa ciudad, y aparecieron a muchos". Y también Apocalipsis 6: 9 -11.

² El infortunio de mi enfermedad y para aquel de mis antepasados, y pense en mi corazón y dijo:

³ "Bienaventurado es el hombre que no ha nacido³³³ o quién ha nacido y no pecará delante del rostro del Señor, y él que no viene a este lugar, ni trae el yugo de este lugar".

Capítulo 42
De como Enoc vio a los alguaciles de las llaves y guardias de las puertas del Hades

¹ Vi a los alguaciles de las llaves y a los guardias de las puertas del Hades³³⁴, como grandes serpientes, y su rostros como la extinción de lámparas, y sus ojos como el fuego, sus dientes agudos, y vi todas las obras del Señor, y como ellas son justas, mientras las obras del hombre son unas buenas, y otras malas, y por sus obras son conocidos aquellos que mienten malvadamente.

Capítulo 43
Enoc muestra a sus hijos como él midió y escribió los juicios de Dios

¹ Mis hijos, medí y escribí cada trabajo y cada medida y cada juicio honrado.

² Cuando un año es más honorable que el otro, tal es un hombre más honorable que el otro, unos para grandes posesiones, unos para la sabiduría del corazón, unos para un particular intelecto, unos para la astucia, uno para el silencio del labio, el otro para la

---

³³³ Eclesiastés 6:3; Mateo 26: 24
³³⁴ Apocalipsis 1:18

limpieza, uno para la fuerza, el otro para la calma, una para la juventud, el otro para el agudo ingenio, uno para la forma del cuerpo, el otro para la sensibilidad, otro para dejarse oír en todas partes, pero no hay ninguno mejor que él que teme a Dios, él será el más glorioso en el tiempo por venir.

Capítulo 44
Enoc instruye a sus hijos que no injurien la faz del hombre, ya sea grande o pequeño

[1] El Señor, el que ha creado al hombre con sus manos, a semejanza de su propia cara, el Señor lo hizo pequeño y grande.

[2] Cualquiera que injurie el rostro de Dios, y que detesta la cara del Señor, ha despreciado la cara del Señor, y él que expresa la cólera en cualquier hombre sin herida, la gran cólera del Señor los reducirá, él que escupe en la cara del hombre con reproche, será reducido en el gran juicio del Señor[335].

[3] Bienaventurado es el hombre que no dirige su corazón con la malicia contra ningún hombre, y ayuda al herido y condenado, y levanta al caido, y hace la caridad al necesitado, debido al día del gran juicio sera pesado, cada medida y seran pesado como en el mercado, o sea ellos seran pesados por balanzas y soporte en el mercado, y cada uno aprenderá su propia medida, y según su medida tomará su recompensa[336].

---

[335] Éxodo 20: 16, Levítico 6: 1-5
[336] Job 34:11; Salmos 62:12; Jeremías 17:10; Mateo 16:27; Romanos 2:6, Apocalipsis 2:23

Capítulo 45

Dios muestra como él no quiere sacrificios del hombre, ni ofrecimientos quemados, sino corazones puros y arrepentidos

¹ Cualquiera que se apresura para hacer ofrecimientos antes de la cara del Señor, el Señor por su parte apresurara aquel ofrecimiento concediendo de su obra.

² Pero cualquiera que aumenta su lámpara antes de la cara del Señor y no hace el juicio verdadero, el Señor no aumentará su tesoro en el reino del más alto.

³ Cuando el Señor exige el pan, o candeleros, o la carne de bestias, o cualquier otro sacrificio, esto no es nada; sino que Dios exige corazones puros y con todo prueba el corazón del hombre[337].

Capítulo 46

De como un gobernante terrenal no acepta del hombre regalos abominables y sucios, entonces cuanto más detesta Dios regalos sucios, los desprecia con ira y no acepta los regalos

¹ Escuchen, mi gente, y tomen las palabras de mis labios.

² ¿Si alguien trae regalo a un gobernante terrenal, y tiene pensamientos desleales en su corazón, y el gobernante lo sabe, no será él enojado por éllo, y no rechazará sus regalos, y no le dedicará al juicio?[338]

³ ¿O si un hombre se hace lucir bueno al otro mediante engaños de su lengua, pero tiene el mal en su corazón, entonces no va el otro a entender la tragedia de su corazón, y él sera condenado, por su falsedad y todos veran el juicio?

---

[337] Génesis 4: 3, 5, Levitico 10:1-3
[338] Ezequiel 22.26; Malaquias 1: 6-8 y 11-14

Capítulo 47

Enoc instruye a sus hijos con palabras directa de los labios de Dios, y les da los escritos de este libro

¹ Y ahora, mis hijos, pongan el pensamiento en sus corazones, marquen bién las palabras de su padre, que todas originan de los labios del SEÑOR.

² Tomen estos escritos de la letra de su padre y léanlos.

³ Ya que los libros son muchos, y en ellos ustedes aprenderán todas las obras del SEÑOR, todo lo que ha sido a partir del principio de la creación, y será hasta el final del tiempo.

⁴ Y si ustedes observan mi letra, ustedes no pecarán contra el SEÑOR; porque no hay ningún otro excepto el SEÑOR, ni en el cielo, ni en la Tierra, ni en los sitios más bajos, ni en la fundación.

⁵ El SEÑOR ha colocado las fundaciones en el desconocido, y lo ha extendido adelante el cielo visible e invisible; El fijó la Tierra en las aguas, y creó a criaturas innumerables ¿Quién ha contado el agua y la fundación de lo no fijo, o el polvo de la Tierra, o la arena del mar, o las gotas de la lluvia, o del rocío de la mañana, o la respiración del viento? ¿Quién ha llenado la Tierra y el mar, y el invierno indisoluble?

⁶ "Corté las estrellas del fuego, y decoré el cielo, y lo puse en su medio"³³⁹.

---

³³⁹ Aquí habla Dios no Enoc

Capítulo 48

Del paso del sol a lo largo de los siete círculos

[1] El el sol va por los siete círculos divinos, que son los asignados de ciento ochenta y dos tronos, y baja durante un día corto[340], y otra vez ciento ochenta y dos, y baja durante un día grande, y él tiene dos tronos en los cuales él descansa, girando aquí y allí encima de los tronos de los meses, a partir del diecisiete día del mes Tsivan y sigue hasta el mes Thevan[341], y desde el diecisiete de Thevan el sube.

[2] Y así el se acerca a la Tierra, entonces la Tierra se alegra y hace cultivar sus frutas, y cuando el se marcha, entonces la Tierra siente tristeza, y los árboles y todas las frutas no tienen ni florecen.

[3] Todo esto él midió, con la medida buena de la hora, y fijó una medida por su sabiduría, de lo visible y lo invisible.

[4] Así, hago conocer a ustedes, mis hijos, y distribuyan los libros a sus hijos, y a todas sus generaciones, y entre las naciones que tienen el sentido del temor a Dios[342], dejenlos recibirlos, y que puedan ellos llegar a amarlos más que cualquier alimento o dulces terrenales, y leerlos y aplicárselos.

[5] Y aquellos que no entienden al SEÑOR, quiénes no temen a Dios, quiénes no aceptan, quiénes no reciben los libros, un juicio terrible les espera.

---

[340] 2da de Pedro 3:8

[341] Posible "Cheshvan" en el calendario hebreo. Literalmente significa "octavo mes" y es el segundo mes del año civil y el octavo mes del eclesiástico en el calendario hebreo. En la Biblia es llamado Bul (Reyes 6:38). Esto es un mes de otoño de 29 días, excepto en años "completos", en que este tiene 30 días (ver el calendario hebreo: calendario moderno). El Cheshvan por lo general ocurre entre Noviembre-Octubre en el calendario Gregoriano.

[342] Malaquias 4: 2

⁶ Bienaventurado es el hombre que aguanta su yugo y lo arrastra a lo largo, ya que él será liberado durante el día del gran juicio[343].

Capítulo 49

Enoc instruye a sus hijos de no jurar por cielo o Tierra, y muestra la promesa de Dios, hasta en el vientre de la madre

¹ Le juro a mis hijos, pero no juro ni por ningún juramento, ni por el cielo, ni por la Tierra, ni por cualquier otra criatura aquel Dios creó[344].

² El Señor dijo: "No hay ningún juramento en mí, ni injusticia, sino verdad".

³ "Si no hay ninguna verdad en el hombre, entonces déjalo tener una fe absoluta en las palabras, Sí, sí, o sea, No, no"[345].

⁴ Y les juro, sí, sí, que no hubo ningún hombre en el vientre de su madre, que no antes, para cada uno hay un lugar listo para el reposo de aquella alma, y una intencionada medida fija de cuánto es un hombre probado en este mundo.

⁵ Sí, hijos, no os engañeis, porque anteriormente se ha preparado un lugar para cada alma del hombre.

---

[343] Isaías 10:27
[344] Éxodo 20:7; Levítico 19:12
[345] Mateo 5:33-37

Capítulo 50

De como ninguno en la Tierra puede permanecer escondido ni sus obras permanecer ocultas, pero Dios nos requiere que seamos mansos, y que soportemos el ataque y el insulto, y no ofender a viudas ni a huérfanos

[1] He puesto el trabajo de cada hombre por escrito y ninguna obra hecha en la Tierra puede permanecer escondida ni sus trabajos permaneceran ocultos.

[2] "Veo todas las cosas"[346].

[3] Ahora por lo tanto, mis hijos, en paciencia y mansedumbre gasten los números de sus días, para que ustedes hereden la vida interminable.

[4] Soporten por el SEÑOR cada herida, cada injuria, cada mala palabra y ataque.

[5] Si maldiciones te acontecen, no las devuelvas ni al vecino u enemigo, porque el SEÑOR te las devolverá y sera el vengador durante el día del gran juicio, por que allí no habra ninguna venganza entre hombres.

[6] Cualquiera de ustedes que gaste el oro o la plata para el bién de su hermano, él recibirá el tesoro amplio en el mundo por venir.

[7] No hieran ni a viudas, ni a huérfanos, ni a forasteros, no sea que la ira de Dios te encuentre.[347]

---

[346] Habla Dios no Enoc: 1Cronicas 29:10-12; Malaquias 3: 5; Hebreos 4:13
[347] Éxodo 22.22–24, Isaias 10: 1-4; Santiago 1:27

Capítulo 51

Enoc instruye a sus hijos, que no guarden tesoros en la Tierra, sino que ofrezcan ofrendas al pobre

^{1} Estiren sus manos hacia al pobre según su fuerza.

^{2} No guarden plata en la Tierra.[348]

^{3} Ayuden al hombre fiel en la aflicción, y la aflicción no te encontrará en el tiempo de tu problema.

^{4} Y cualquier yugo penoso y cruel que te encuentres soportalo todo por el SEÑOR, y así encontraran, su recompensa en el día del juicio final.

^{5} Bienaventuranza es ir de manaña, de mediodía, y de tarde hacia la morada del Señor[349], para la gloria del Creador.

^{6} Por que cada cosa que respira lo glorifica, y cada criatura visible e invisible le devuelve alabanza.

Capítulo 52

Dios instruye a sus fieles, como ellos deben de alabar su nombre

^{1} Bienaventurado es el hombre que se postra en alabanza hacia el Dios del Sábado y alaba al SEÑOR con su corazón.[350]

^{2} Malaventurado es cada hombre que abre sus labios trayendo calumnia

---

[348] Sofonías 1:18
[349] Al Templo o a la Iglesia
[350] Génesis 2: 3; Exodo 20: 8; Exodo 31:15-18; Isaias 56:2-6; Isaias 58:13-14, Isaias 66:22-23; Mateo 12:8;, Lucas 4:16; Hebreos 8:10

y desprecio a su vecino, porque él trae a Dios en el desprecio.[351]

3 Bienaventurado es él que abre sus labios bendiciendo y congratulatando a Dios.

4 Malaventurado es ante el SEÑOR todos los días de su vida, él qué abre sus labios para blasfemar y abusar.

5 Bienaventurado es él que bendice todas las obras del SEÑOR.

6 Malaventurado es él que desprecia la creación del SEÑOR.

7 Bienaventurado es él que ve y levanta al caído[352].

8 Malaventurado es él que contempla y está impaciente por la destrucción de lo que no es suyo.

9 Bienaventurado es él que guarda las fundaciones de sus padres hecho firmes desde el principio.[353]

10 Malaventurado es él que pervierte los decretos de sus antepasados.

11 Bienaventurado es él que imparte la paz y el amor.[354]

12 Malaventurado es él que molesta aquellos que aman a sus vecinos.

13 Bienaventurado es él que habla con lengua humilde y corazón a todos[355].

14 Malaventurado es él que habla la paz con su lengua, mientras en

---

[351] Isaias 5.8; Amos 8:5; Habacuc 2:9
[352] Mateo 5: 7
[353] Mateo 5: 10
[354] Mateo 5: 9; Detereunomio 29:19; Salmos 85:11-14
[355] Mateo 5: 5, 8

su corazón no hay ninguna paz, sino una espada.

[15] Ya que todas estas cosas serán pesadas en las balanzas y puestas en los libros, durante el día del gran juicio.

Capítulo 53

Enoc confirma la palabra de los labios del SEÑOR a sus hijos y que ellos deben obedecer la voluntad del SEÑOR con sus libres albedrios

[1] Y ahora, mis hijos, no digan: "Nuestro padre está de pie ante Dios, y ora por nuestros pecados[356], porque no hay ningún ayudante del hombre que ha pecado"[357].

[2] Ustedes vieron como escribí todas las obras de cada hombre, antes de su creación, todo lo que es hecho entre todos los hombres para siempre, y ninguno puede decir o relacionar mi escrito, porque el SEÑOR ve todas las imaginaciones del hombre, y como ellas son vanas[358], donde albergan en las casas de tesoro del corazón del hombre.

[3] Y ahora, mis hijos, señalen bién todas las palabras de su padre, que les digo, no sea que ustedes se lamenten, diciendo: ¿Por qué no nos dijo nuestro padre?

---

[356] Mateo 6

[357] Confesión de pecado a hombre humano i.e., Cura, Sacerdote, etc...que no te absuelve y que no puede perdonar tus pecados...Solo Dios nos perdona por la preciosa Intervención y derramamiento de sangre de su hijo Jesucristo:
Isaías 43:25; Hebreos 9:22; 1 Pedro 3:18; Efesios 1:7; 1 Juan 1:9; Salmo 32:1,2 y 103:12. Nuestro Salvador murió mas de tres milenios después, antes de Enoc darle los escritos a sus hijos. El holocausto en ese entonces era un cordero inmaculado, luego sustituido por el Cordero de Dios, Jesús.

[358] Eclesiastés 12:8

Capítulo 54

Enoc instruye a sus hijos, que ellos deberían dar los libros también a otros

[1] Entonces, los que ahora no los entiendan dejen que estos libros que les he dado sean una herencia de su paz.

[2] Dénlos a todos los que los quieran, e instruyanlos, y que ellos pueden ver las grandes y maravillosos obras del Señor.

Capítulo 55

Aquí Enoc muestra a sus hijos, diciéndolos con lagrimas, que el tiempo se ha acercado de él ser tomado hacia el cielo, porque los ángeles están de pie antes de él

[1] Mis hijos, contemple, el día de mi término y el tiempo se ha acercado.

[2] Los ángeles que irán conmigo están de pie antes de mí y me impulsan a la salida de ustedes; ellos estan aquí en la Tierra, esperando lo que se les ha sido ordenado.

[3] Mañana subiré al cielo, a la Jerusalén más alta y a mi herencia eterna[359].

[4] Por lo tanto les ofrezco que hagan antes el SEÑOR todo su buena voluntad.

---

[359] Apocalipsis 21:2

Capítulo 56

Methusalam pide la bendición de su padre, y que Enoc pueda tomar el alimento para comer

[1] Methusalam le contesta a su padre Enoc, diciendo: "¿Qué es agradable a tus ojos, padre, qué pueda hacerlo delante de ti, para que puedas bendecir nuestras viviendas, y a tus hijos, y que tu gente puede ser hecha gloriosa mediante ti, y luego te marcháras, cuando el SEÑOR lo diga"?

[2] Enoc contestó a su hijo Methusalam y dijo: "Oidme mi hijo, a partir del tiempo cuando el Señor me ungió[360] con el ungüento de su gloria, no hubo ningún alimento en mí, y mi alma no recuerda el placer terrenal, tampoco quiero nada terrenal"[361].

Capítulo 57

Enoc le pide a su hijo Methusalam a convocar a todos sus hermanos

[1] Mi hijo Methusalam, convoca a todos tus hermanos y a toda tu casa y a los mayores del pueblo, para dirigirme a ellos aparte, como es planeado para mí.

[2] Y Mathusalam se dio prisa, y convocó a sus hermanos, Regim, Riman, Uchan, Chermion, Gaidad y a todos los mayores del pueblo antes su padre Enoc, y él los bendijo, y les dijo:

---

[360] Cristo lo unge como Miguel cuando Dios le pide que lo unga, ver capítulo 22: 7 y 8
[361] Mateo 4: 4, 19, 23-26

Capítulo 58
Las instrucciones de Enoc a sus hijos

[1] "Escúchenme, hoy mis hijos".

[2] En aquel tiempo cuando el Señor bajó a la Tierra por el bién de Adán, y visitó a todas sus criaturas, las que él mismo creó y después de crearlas a todas él creó a Adán, y el Señor llamó a todas las bestias de la Tierra, todos los reptiles, y todas las aves que se elevan por el aire, y los trajo a todos antes de la cara de nuestro padre Adán.

[3] Y Adán dio los nombres a todas las criaturas que viven en la Tierra[362].

[4] Y el Señor lo designó gobernante sobre todos, y a toda cosa sujetós bajo sus manos, y los hizo mudos y los hizo embotados que ellos fuesen mandados por el hombre, y sometidos y obedientes a el.

[5] Así también el Señor creó al hombre señor sobre todas sus posesiones.

[6] El Señor no juzgará una sola alma de la bestia por el bién del hombre, pero adjudica las almas de hombres a sus bestias en este mundo, ya que los hombres tienen un lugar especial.

[7] Y cuando cada alma del hombre sea según su número, de manera similar las de las bestias no fallecerán, ni toda las almas de bestias que el Señor creó, hasta el gran juicio, y ellos acusarán al hombre, si él los mal alimentó.

---

[362] Génesis 2: 19

Capítulo 59

Enoc instruye a sus hijos que no deben de tocar carne inmunda debido a lo que porviene de ella

¹ Cualquiera que profana el alma de una bestia, profana su propia alma³⁶³.

² Ya que el hombre trae animales limpios para hacer el sacrificio a favor del pecado³⁶⁴, para que él obtenga la cura de su alma.

³ Y si traen para el sacrificio animales limpios, y aves, el hombre tiene la cura, la cura de su alma³⁶⁵.

⁴ Todo lo que les es dado para el alimento, hatenlo en cuatro pie, deben de hacer bién la cura, y así curan su alma.

⁵ Pero cualquiera que mata a la bestia sin heridas, mata su propia alma y profana su propia carne.

⁶ Y él que hace a cualquier bestia cualquier herida en lo absoluto, o en secreto, esto es mala práctica, y él profana su propia alma³⁶⁶.

Capítulo 60

Él que hiere el alma de otro hombre, hiere su propia alma

¹ Él que labora la matanza del alma de un hombre, mata su propia alma, y mata su propio cuerpo, y no hay ninguna cura para él por siempre jamas³⁶⁷.

---

³⁶³ Eclesiastés 3: 19
³⁶⁴ Hechos 2:38; 17:30-31
³⁶⁵ Levítico 6: 7
³⁶⁶ Levítico 5: 2-3,
³⁶⁷ Exodo: 20: 13

² Él que pone a un hombre en cualquier trampa, la pegará en él, y no hay ninguna cura para él por siempre jamas.

³ Él que pone a un hombre en cualquier buque, su justo castigo no querrá en el gran juicio por siempre jamas.

⁴ Él que trabaja torcidamente o dice el mal contra cualquier alma, no se hará la justicia para él por siempre jamas.

Capítulo 61
Enoc instruye a sus hijos de guardarse de ser injustos, y de ayudar a otros y a compartir

¹ Y ahora, mis hijos, no guarden en sus corazones ninguna injusticia, que el Señor odia. Asi como un hombre pide algo para su propia alma de Dios, hagale lo mismo a cada alma viva, porque el sabé todas las cosas, y como en el gran tiempo por venir habra mucha herencia lista para hombres, bién para el bueno, y mal para el malo, muchas, sin número³⁶⁸.

² Bienaventurado son aquellos que entran en las casas buenas, ya que en las casas malas no hay ninguna paz, ni devuelta de ellos.

³ ¡Escuchen mis hijos, pequeños y grandes! Cuando el hombre pone un pensamiento bueno en su corazón, y trae regalos de su trabajo antes de la cara del Señor pero sus manos no hicieron lo bueno, el SEÑOR girará su rostro lejos del trabajo de tus manos, y aquel hombre no podra encontrar el trabajo de sus manos³⁶⁹.

⁴ Y si sus manos lo hicieron, y su corazón murmura, pero su corazón deja de murmullar lo bueno sin cesar, entonces él no tiene ninguna ventaja.

---

³⁶⁸ Marcos 12: 30
³⁶⁹ Génesis 4:3, 5 y 6-7

Capítulo 62

De como conviene traer el regalo de alguien por fe, porque no hay ningún arrepentimiento después de la muerte

[1] Bienaventurado es el hombre que con paciencia trae sus regalos[370] con fe ante el SEÑOR, porque él encontrará el perdón de sus pecados[371].

[2] Pero si él toma sus palabras antes del tiempo, no hay ningún arrepentimiento para él; y si se pasa de tiempo y él no hace de su propia voluntad lo que es prometido[372], no hay ningún arrepentimiento después de la muerte[373].

[3] Como cada trabajo que el hombre hace debajo del sol, es todo vanidad delante del hombre, y pecado ante Dios[374].

Capítulo 63

De como no has de despreciar al pobre, sino compartir con el igualmente, no sea que usted este contra murmurado ante Dios

[1] Cuando el hombre viste al desnudo y llena al hambriento, él encontrará la recompensa de Dios[375].

[2] Pero si su corazón murmulla, él comete un doble mal; la ruina es de él y de lo que él da; y para él no habrá ningún descubrimiento de la recompensa debido a esto.

[3] Y si su propio corazón está lleno de su alimento y de su propia

---

[370] Malaquias 3: 10
[371] 1 Juan 1:9, Hechos 5:29-31; Hebreos 9:27; Santiago 5:15; 1 Pedro 2:24
[372] Eclesiastés 5 : 3- 6; Mateo 12:36
[373] Eclesiastés 9:5
[374] Eclesiastés 1:2, 5, 14; 12: 8
[375] Deuteronomio 26:12; Mateo 35: 36 - 46

carne, vestido con su ropa ganada, él comete el desprecio, y perderá toda su herencia a la pobreza, y no encontrará la recompensa de sus buenas acciones.

[4] Cada hombre orgulloso y magniloquente es odioso al SEÑOR, y cada discurso falso, vestido de la falsedad; será cortado con la lámina de la espada de muerte, y lanzado en el fuego, y se quemará para siempre[376].

Capítulo 64

De como el Señor llama a Enoc, y la gente consultaron para ir a besarlo en el lugar llamado Acuzan

[1] Cuando Enoc había dicho estas palabras a sus hijos, toda la gente lejos y cerca oyieron como el Señor llamaba a Enoc. Y juntos consultaron:

[2] "Vayamos y besemos a Enoc": y dos mil hombres fueron y llegaron al lugar Acuzan donde Enoc y sus hijos estaban.

[3] Y los mayores, y la asamblea entera, se doblaron y comenzaron a besar a Enoc y le dijeron:

[4] "Nuestro padre Enoc, Bienaventurado del SEÑOR, el Rey, y ahora bendice a tus hijos y a toda la gente, que seamos hoy glorificados ante tu rostro".

[5] "Ya que tu serás glorificado antes de la cara del SEÑOR para siempre, y que el SEÑOR te eligió, mejor que todos los hombres en la Tierra, y te designó el escriba de toda su creación, visible e invisible, y te redimió de los pecados del hombre, y eres el ayudante de su morada".

---

[376] Exodo 20: 16

Capítulo 65

De las instrucciones de Enoc a sus hijos

[1] Y Enoc contestó a toda su gente y dijo: "Oigan, mis hijos, antes que todas las criaturas fueran creadas, el Señor creó las cosas visibles y las invisibles"[377].

[2] Y alli transcurrio el tiempo y siguio por delante, entiendan que después de todo él creó al hombre en la semejanza de su propia forma, y puso en él ojos para ver, y oídos para oír, y corazón para reflexionar, y intelecto con el cual deliberar.

[3] Y el Señor vio las obras de todo el hombre, y creó a todas sus criaturas, y dividió el tiempo, a partir del tiempo él fijó los años, y a partir de los años él designó los meses, y a partir de los meses él designó los días, y de días él designó siete.

[4] Y en aquellos él designó las horas, y las midió exactamente, para que el hombre pudiera reflexionar a tiempo y contar años, meses y horas, su alternación, principio, y final, y que él pudiera contar su propia vida, a partir del principio hasta la muerte[378,] y reflexionar sobre su propio pecado y escribir sus obras malas y buenas; porque ningúna obra es escondida ante el Señor, y que cada hombre pudiera conocer sus obras y nunca transgredir ninguno de sus mandamientos, y guarden mis escritos de generación en generación[379.]

[5] Cuando toda la creación visible e invisible, que el Señor creó, se termine, entonces cada hombre ira al gran juicio, y luego todo el tiempo fallecerá, y los años, y de allí expedirá y no habrá, ni meses, ni días, ni horas, ellos serán adheridos juntos y no serán contados.

---

[377]Génesis 1: 1- 3
[378] Isaías 46:9-10
[379] Libros de la tradición Enoquina

⁶ Habrá un siglo, y todo los justos quiénes evitarán el gran juicio del Señor, serán coleccionados en el gran siglo³⁸⁰, y para el justo alli comenzara el siglo, y ellos vivirán eternamente, y luego no habrá entre ellos, ni trabajo, ni enfermedad, ni humillación, ni ansiedad, ni necesidad, ni brutalidad, ni noche, ni oscuridad, sino la gran Luz³⁸¹.

⁷ Y ellos tendrán una gran pared indestructible³⁸², y un paraíso brillante e incorruptible³⁸³, ya que todas las cosas corruptibles fallecerán, y habrá vida eterna.

Capítulo 66

Enoc instruye a sus hijos y todos los mayores del pueblo, de como ellos deben andar en temor y temblar delante el SEÑOR, y servirle solo a el, y de no postrarse delante de ídolos, sino a Dios, quien creó el cielo y la Tierra y cada criatura, a su imagen

¹ Y ahora, mis hijos, aguarden sus almas de no hacer la injusticia, como la odia el SEÑOR.

² Caminen delante Él con temor y temblor y sirvanle solo a Él³⁸⁴.

³ Postrense delante del Dios verdadero, no a ídolos mudos, y dóblesen abajo a Su similitud³⁸⁵, y traigan todo ofrecimientos solo antes de la cara del SEÑOR. El SEÑOR odia lo que es injusto.

⁴ Ya que el SEÑOR ve todas las cosas; cuando el hombre toma el

---

³⁸⁰ Apocalipsis 21: 1-2, 4,
³⁸¹ Romanos 2:10; Apocalipsis 21:3-4
³⁸² Apocalipsis 21:12
³⁸³ Apocalipsis 21:18
³⁸⁴ Deuteronomio 6:24; Salmos 111:10; Proverbios 1:7; 8:13, y 14:2; Isaías 11:2; Jeremías 32:40-41; 1Pedro 2:17; Apocalipsis 1:4; 3:1; 4:5; 5:6
³⁸⁵ Exodo 20:2 -4; Deuteronomio 5:7-10

pensamiento en su corazón, entonces él aconseja los intelectos, y cada pensamiento es siempre antes del SEÑOR, quien hizo firme la Tierra y puso a todas las criaturas sobre ella.

5 Si contemplan el cielo el SEÑOR está allí; si toman el pensamiento al mar profundo y a todo bajo la Tierra, el SEÑOR está allí[386].

6 Ya que el SEÑOR creó todas las cosas. No se postren delante de cosas creadas por el hombre, abandonando al SEÑOR de toda la creación, porque ningúna obra puede permanecer escondida delante el rostro del SEÑOR [387].

7 Caminen, mis hijos, en lo sufrido, en mansedumbre, honestidad, en la provocación, en la pena, en la fe y en la verdad, en la confianza de las promesas, en la enfermedad, en el abuso, en heridas, en la tentación, en la desnudez, en la privación, amandose el uno al otro, hasta que ustedes salgan de esta edad de males, y que se hagan herederos del tiempo interminable[388].

8 Bienaventurados son los que evitarán el gran día del juicio final[389], ya que ellos brillarán séptuplo más que el sol, ya que en este mundo la séptima[390] parte es quitada de todos, luz, oscuridad, alimento, placer, pena, paraíso, tortura, fuego, helada, y otras cosas; él puso por escrito todo, para que ustedes pudieran leer y entender.

---

[386] Salmos 138
[387] Jeremías 10: 1-6
[388] Mateo 5:39
[389] Apocalipsis 20: 4, 6, 12
[390] El numero 7 es perfecto y completo "La Divinidad" se le es quitada al hombre representante del #6, que no alcanza la totalidad o la Divinida.

Capítulo 67
El SEÑOR desplazo la oscuridad sobre la Tierra y cubrió a la gente y a Enoc, y Enoc fue tomado en alto, y la luz ascendió otra vez al cielo

[1] Cuando Enoc se había dirigido a la gente, el SEÑOR envió la oscuridad a la Tierra, y hubo oscuridad, y cubrió a aquellos hombres que estában de pie delante de Enoc, y ellos tomaron a Enoc y lo trasladaron al más alto cielo[391], donde mora el SEÑOR; y él lo recibió delante de su rostro, y la oscuridad se marchó de la Tierra, y la luz descendió otra vez.

[2] Y la gente vierón pero no entendierón como Enoc había sido tomado, y glorificarón a Dios, y encontrarón un rollo el cual leia "El Dios Invisible"[392]; y todos se fueron a sus respectivas moradas.

Capítulo 68
Conclusión

[1] Enoc nació durante el sexto día del mes de Tsivan[393], y vivio trescientos sesenta y cinco años.

[2] Él fue tomado hasta el cielo durante el primer día del mes Tsivan y permaneció en el cielo sesenta días.

[3] Él escribió todos estos signos de toda la creación, lo que el Señor creó, y escribió trescientos sesenta y seis libros, y se los dio a sus

---

[391] Décimo cielo
[392] Colosenses 1:15
[393] Sivan en hebreo. En la lengua Semítica significa "Temporada; o tiempo" y es el noveno mes del año civil y el tercer mes del año eclesiástico en el calendario hebreo. Es un mes de primavera de 30 días. El Sivan por lo general cae entre Mayo-Junio en el calendario Gregoriano.

hijos y permaneció en la Tierra treinta días, y fue otra vez tomado hasta el cielo durante el sexto día del mes de Tsivan, durante el mismo día y la hora de su nacimiento.

⁴ Como toda la naturaleza de cada hombre en esta vida es oscura, tal es también su concepción, nacimiento y éxtasis de ella.

⁵ En la hora que él fue concebido, en aquella hora él nació, y en aquella hora también él murió.

⁶ Methusalam y sus hermanos, y todos los hijos de Enoc, se dieron prisa, y crearon un altar en aquel lugar llamado Acuzan[394], de donde y por donde Enoc había sido tomado hasta el cielo.

⁷ Y tomaron becerros de holocausto y convocaron a toda la gente y sacrificaron el sacrificio delante del SEÑOR.

⁸ Toda la gente, y los mayores del pueblo y la asamblea entera vinieron al banquete y trajeron regalos a los hijos de Enoc.

⁹ Y ellos hicieron un gran banquete, alegrándose y celebraron tres días festivos de alegria, alabando a Dios, quien les dio tal señal por Enoc, y quién callo en gracia a Él, y que ellos deberían transmitirlo a sus hijos de generación en generación, y por los siglos de los siglos.

Amén

---

[394] La patria de Enoc y el sitio de su éxtasis; Acuzan aquí es un nombre específico para la colina del Templo en Jerusalén, posible hoy conocida como Moriah y en el tiempo de Abraham e Isaac conocido como el "Monte de Jehova sera provisto". Génesis 22:1-14

Epílogo

(Comentarios de Elena Gould Harmon de White)

Elena G. De White y su esposo James White (y Joseph Bates) tenían los libros apócrifos en estima. En un documento titulado "una copia de E. G. de White de la visión que ella tuvo en Oswego, Nueva York"[395], el 11 de enero de 1850, ella da una extraña declaración acerca de los libros apócrifos, también conocidos como "libros ocultos, secretos o escondidos".

En 1850, la Sra. White estando en visión, dijo, que sus seguidores necesitaban entender los apócrifos: *"Vi que los apócrifos eran libros ocultos, y que los sabios de estos últimos días deberían entenderlos"* [396]. Los White citaron los apócrifos varias veces en su publicación original inédita de 1847 "A Word to the Little Flock" [Una Palabra a la Manada Pequeña]. Ya que hay varios libros apócrifos, unos subliminales y otros muy cuestionables, no doy mi vista acerca de que *apócrifos* ella se refería porque ella generalizó y no los menciona por nombres en esa visión[397]. Los manuscritos del Mar Muerto en Qumran, Cueva 4 de los escritos Enocquinos, fueron hallados en 1947 después de la muerte de la Sra. White en el 1915. Elena G. de White es reconocida por la Iglesia Adventista como el Espíritu de Profecía, supongamos entonces que la revelación dada a ella de los apócrifos en 1850 en visión obviamente fue inspirada ya

---

[395] Documento titulado "A copy of E. G. White's vision which she had at Oswego, New York," January 11, 1850

[396] (*Manuscript Releases* [Manuscritos liberados], vol. 16, p. 34)

[397] Aunque algunos pie de notas insertados por James White en su publicación original de 1847 "A Word to the Little Flock" [Una Palabra a la Manada Pequeña] la pagina 13 menciona 2 Esdras. El tema controversial de la amalgama es claramente descrita en el libro de Jaser nombrado en Josué 10:13 y en 2ᵈᵃ de Samuel 1: 18, el cual hace mención de híbridos en numerosos capítulos e instantes.

que el Espíritu no se contradice. Los Adventistas no creemos que las visiones o revelaciones extra-Bíblicas de la Sra. White estan en conflicto con el principio de la Reforma *Sola Scriptura* ("por la Escritura solamente"), porque sabemos que la Biblia es superior a sus escrituras y que la Biblia nos enseña que entre algunos de los dones espirituales dados a la Iglesia está el don de profecía[398]. Como el Libro de Enoc y las escrituras Enoquinas, hoy día, hay personas que pudiesen consideran la naturaleza de los escritos de la hermana White también como *"apócrifos"* no inspirados. Yo desciendo de esa vista, ya que la acepto como la "Pluma Inspirada".

Amalgama

"Pero si hubo un pecado, por encima de todos los demás, que hizo necesaria la destrucción de la raza humana por medio del diluvio, fue el vil crimen de la amalgama entre hombres y bestias, que desfiguró la imagen de Dios y causó confusión en todas partes. Dios decidió destruír esa raza poderosa y longeva que había corrompido su camino delante de Él[1] ".

"Todas las especies de animales que Dios había creado fueron preservadas en el arca. Las especies mixtas que Dios no creó, y que fueron el resultado de la amalgama, fueron destruídas por el diluvio. Desde el diluvio, ha habido amalgamas entre seres humanos y bestias, como puede verse en las casi innumerables especies de animales, y ciertas razas de hombres[2] ".

Elena G. de White

1. Dones Espirituales, Hechos Importantes de una colección en cuatro tomos que se publicó por primera vez en 1864.

2. Estas dos declaraciones aparecen más tarde en *The Spirit of Prophecy*, Vol. I, y en 1870, en la reorganización del material, en *Spiritual Gifts*. En 1871 aparecen nuevamente en *The Great Controversy*, Vol. I, un título alterno para *The Spirit of Prophecy*.

---

[398] 1 Corintios 13:2

Elena White había hecho la segunda declaración de amalgama con el propósito de ilustrar la profunda corrupción y criminalidad en que la raza humana había caído, cosa que también sucedió unos pocos años después del diluvio[399].

"Hubo amalgama, y el resultado todavía es visible en "ciertas razas de hombres"... Los que hacen excepción de los animales sobre los cuales son visibles los efectos de esa obra son llamados "hombres" por la visión. Ahora, siempre hemos supuesto que cualquier ser que haya sido llamado hombre debe ser considerado un ser humano."

Escudriñemos bién lo que la hermana White habla acerca de la unión con bestias, ya sean animales o en esta obra sean ángeles caídos encarnados o transfigurados en bestias. Satanás es descrito como la serpiente Antigua, el Gran Dragon...la bestia...y no solamente simbólicamente ya que literalmente sabemos que se le apareció a Eva en el jardín. Lo cual nos trae a la teoría de Charles Darwin y la evolución. Darwin no estaba lejos de "cierta media verdad" ya que su teoría enseña que el hombre provino de un simio, de una bestia y que ahora hemos evolucionado en homosapientes. La hermana White indica que "los que hacen excepción de los animales sobre los cuales son visibles los efectos de esa obra son llamados "hombres" por la visión:

"Ahora, siempre hemos supuesto que cualquier ser que haya sido llamado hombre debe ser considerado un ser humano".

La teoría de Evolución de Darwin contiene la firma de Satanás, ya que indignamente clasifica a toda la humanidad creada por Cristo, bestias. Concuerdo con Darwin en algo de su teoría, pero no en principio, ya que tal vez "algunos" fueron descendientes no solo de simios según el, pero tal vez de cualquier otra bestia utilizada por Satanás y su emisarios por amalgama ya que no quedo nada puro

---

[399] Génesis 6:4

en la Tierra[400] (co-habitación de los caidos, bestialidad, dinosaurios, etc[401]). Es irónico que hayan eruditas y científicos que encuentren el tema o los comentarios de la hermana White sobre la amalgama entre hombre y bestia controversiales, pero que abiertamente aceptan la teórica de la Evolución de Darwin. Aceptar esa posición ilustra un concepto oxímoronico ya que la amalgama y el Darwinismo es una distorsión Satánica del mismo concepto con la excepción que excluye la creación Divina. Este vil concepto se ha enseñado a los niños escolares y en universidades en los Estados Unidos por casi mas de cuarenta años cuando fue aprobado por la corte suprema estadounidense en 1968[402].

Enrique Miret Magdalena y Javier Sadaba comentan: *"Obsérvese, antes de nada, que el Darwinismo o la versión neodarvinista es tan aceptada hoy en la comunidad científica como lo es la física de Einstein o la composición del ADN. La hipótesis ha sido confirmada de tal manera que dudar de ella es como dudar de la luz".[403]* Creer, no "dudar" esta gran mentira del Darwinismo es "vivir en completa oscuridad" ya que carece de la unica "Luz"[404] verdadera el Creador del Universo, Cristo Jesus. Cristo nos dice en Juan 8:12: *"[12] Yo soy la luz del mundo; el que me sigue, no andará en tinieblas, sino que tendrá la luz de la vida"* y también nos dice *"[5]Entre tanto que estoy en el mundo, luz soy del mundo"* Juan 9:5.

Satanás le puso su cuño de aberración a toda la buena y divina creación de Dios y vio que su cre-aberración" fue "maligna" en gran manera, el antítesis de nuestro Señor y de su perfecta creación. Esta cre-aberración Satánica no nos debe de sorprender ya que estamos viviendo tiempos donde la clonización abarca, y es probable, si Dios lo permite, que abarque hasta la clonización prolifera del ser humano. Es obvio que a Satanás no le agrada el

---

[400] Génesis 6: 7
[401] Libro de Jaser 4:18
[402] Epperson vs. Arkansas
[403] El Catecismo de nuestros padres (The Catechism of our parents)
[404] Juan 1:1-10

pueblo de Dios. Por lo tanto avanza el conocimiento de la "ciencia macabra y diabólica" para crear un mundo lleno de híbridos de impíos y "envaneciendo las mentes" de eruditas y científicos ateos y/o agnósticos con mentiras como lo hizo con los disidentes anfitriones celestiales que le siguieron. Estos, tal como sus antepasados, se enorgullecen vanidosamente con sus aportaciones y contribuciones del avance de la clonización, creyendose como dioses con poder de creación, algo similar a la envanecida pretención de Adolfo Hitler al crear híbridos con genes súper-humanos de la raza ariana, que lo condujo a la exterminación de los judíos por el holocausto [405]. Al Satanás querer exterminar el pueblo de Dios, ganaría control mundial y adoración artificial incluyendo el resto de la humanidad impía. La clonización puede que sea el clímax de multiples contracciones y dolores de parto antes de la segunda venida de Cristo.

Entre esto y otros pecados, Dios tendrá que nuevamente destruir este mundo de maldad por otra proliferación Satánica de genes y seres no creado por Él; pero esta vez lo hara con fuego y azufre. Leemos:

"*26 Entonces dijo Dios: "Hagamos al hombre a nuestra imagen conforme a nuestra semejanza; y tenga potestad sobre los peces del mar, las aves de los cielos y las bestias, sobre toda la Tierra y sobre todo animal que se arrastra sobre la Tierra".*

"*27 Y creó Dios al hombre a su imagen, a imagen de Dios lo creó; varón y hembra los creó".*

"*28 Los bendijo Dios y les dijo: "Fructificad y multiplicaos; llenad la Tierra y sometedla; ejerced potestad sobre los peces del mar, las aves de los cios y todas las bestias que se mueven sobre la Tierra".* Génesis 1: 26 – 28

---

[405] El **Holocausto** (del griego ὁλόκαυστον *(holókauston)*: *holos*, "completamente" y *kaustos*, "quemado").

"*30 Y fue así". "31 Y vio Dios todo cuanto había hecho, y era bueno en gran manera. Y fue la tarde y la mañana d sexto día".* Génesis 1: 26-28, 30 – 31. Y aun:

"*7 Entonces Jehová Dios formó al hombre d polvo de la Tierra, sopló en su nariz aliento de vida y fue hombre un ser viviente". "8 Jehová Dios plantó un huerto en Edén, al este, y puso allí al hombre que había formado".* Génesis 2: 7 – 8

Tristemente todo lo que Dios creó y que fue bueno en gran manera, Satanás quiso destruir y hacerlo todo malo en gran manera. Lo interesante de esta cre-aberración Satánica es que aunque todavía pueda o no pueda haber un remanente de "tribus" que representen amalgama en nuestros días, Salomón nos dice en Eclesiastés 3: 19-21:

"*19 Porque lo que sucede a **los hijos de los hombres**, y lo que sucede a las bestias, un mismo suceso es: como mueren los unos, así mueren los otros, y una misma respiración tienen todos; ni tiene más hombre que la bestia; porque todo es vanidad." "20 Todo va a un mismo lugar; **todo es hecho de polvo**406, y todo volverá al mismo polvo". "21 ¿Quién sabe que espíritu de **los hijos de los hombres** sube arriba, y que espíritu d animal desciende abajo a la Tierra?* "

Entiendo por estos textos que Dios todo lo ha hecho del mismo polvo (Adán) y que tanto espíritu del hombre como espíritu el de la bestia, que es simplemente el "soplo de vida" y no un "alma consciente", van al mismo lugar (regresan al Creador que les dio aliento de vida aunque en otro suceso suban o bajen407). Este polvo Adánico esta en el hombre como en la bestia, igual que el soplo de vida de Dios esta tanto en el hombre justo u impío, igual que en la

---

406 Génesis 2:7 y 19
407 Sean salvos y resuciten en el Advenimiento
(1 Tesalonicenses 4:16) o que sufran la segunda muerte (Apocalipsis 2:11; 20:6, 14; y 21:8)

bestia[408]. Cristo es un segundo Adán y por su preciosa sangre nos limpia, sin importarle cual fuese nuestra descendencia, ya que es Creador de todo. Le fue de suma importancia que la mujer cananea, quien lo reconoció y acepto como el Mesías fuese no solo sanada [409] sino también salva; por lo tanto, la cre-aberración Satánica pudiese tener corrección y cuantificación por la sangre de Cristo Jesús, aunque desde luego y desafortunadamente no toda sera salva:

"[18] *y los que habían sido atormentados de espíritus inmundos eran sanados".*

"[19] *Y toda la gente procuraba tocarle, porque poder salía de él y sanaba a todos".* Lucas 6: 17-18 (Sermón d Monte en Karnei Hittim[410]).

Felizmente, la sangre de nuestro Señor Jesucristo es pura y salva porque Cristo es "bueno en la mas grande de las maneras".

El don de profecía (El testimonio de Jesucristo – Apocalipsis 19:10)

En conclusión, nuestro gran Dios siempre tiene algo que decirnos. Su voz carece del silencio y resuena como un Trueno. ¿Acaso dejara el Señor de comunicarse con nosotros porque ya la Santa Biblia esta sellada hasta el fin y Dios no tiene mas nada que decirnos? ¿O porque tal vez, el final de su contacto con nosotros termino con el Nuevo Testamento y/o con el Libro de Apocalipsis? ¡Por supuesto que no! ¿Me pregunto, cuantos obras maravillosas y fidedignas habrán ocurrido después de la resurrección de Cristo y después de las muertes de los Apóstoles que no han sidos registradas? ¿A cuantas primicias habrá resucitado nuestro Senor

---

[408] "Y sopló en su nariz aliento de vida, y fue el hombre un ser viviente". Génesis 2:7
[409] Mateo 15: 22-28 y Marcos 7.24-30
[410] La colina donde Cristo dio el Sermon del Monte. "Los Cuernos de Hittim" - en el hebreo es "Karnei Khittim", o los "cuernos del trigo", en el hebreo estas palabras significan Karnei = Cuernos, Hittim = trigo. Karnei Hittim es un volcán extinto.

por su buen placer? Leamos: (1 Corintios 15: 20 y 23). ¿A Juan el Bautista, a Noé, Abraham, a Josué, a Samuel y a Daniel y a todos los profetas mayores y menores, a Jacob (Israel), a Isaac, a los doce patriarcas tribales de Israel (Manases y Efraín por Dan) a los doce Apóstoles, a Adán y a Eva? ¿Al ladrón de la cruz arrepentido? No se a cuantos ni a quienes, pero se que lo hizo y lo seguira haciendo. ¿Porque no, si sabemos que Moisés resucito por la voluntad de Dios? ¿Quienes son? Solo lo sabe YHWH. Es mas, que el Señor le dio a sus apóstoles (hoy en día a su Iglesia) el poder de resucitar a muertos: "[8] *Sanad enfermos, limpiad leprosos, resucitad muertos, echad fuera demonios; de gracia recibisteis, dad de gracia*" (Mateo 10:8). ¡Si no creemos que estamos dotados con este poder que Cristo nos dio, no podemos creer entonces que el también resucito, por lo tanto, si podemos! ¿A quienes habrán los Apóstoles resucitados? ¿A quienes recusitaremos Su pueblo en los días que se nos acercan con el derramamiento de la gracia del Espíritu Santo? ¿Quienes son los doce ancianos mencionados en Apocalipsis que están en el cielo haciendo el juicio expiatorio [411]? Tengamos presente que Jesús hablo varias veces en el Nuevo Testamento de: "Abraham, Isaac, y Jacob". Leamos Lucas 13:28: "[28] *Allí será el llanto y el crujir de dientes, cuando veáis a Abraham, a Isaac, a Jacob y a todos los profetas en el reino de Dios, y vosotros estéis excluidos*". Leamos también Mateo 22:32: "[32] *Yo soy el Dios de Abraham, el Dios de Isaac y el Dios de Jacob? Dios no es Dios de muertos, sino de vivos*".

¿Estan recusitados y vivos Abraham, Isaac y Jacob? ¡Si, lo están! Sabemos que Cristo resucito a muchos santos con Él cuando resucito (Mateo 27:52-53). Con este hecho establecido, estudiemos el linaje genealógico encontrados en Lucas 3:34-38 para asegurarnos que incluyamos a Abraham, Isaac y que la descendencia y/o generaciones de los 24 ancianos acabe con Jacob:

---

[411] Apocalipsis 4:4; 5:9-10

" ³⁴ hijo de _Jacob_, hijo de _Isaac_, hijo de _Abraham_, hijo de _Taré_, hijo de _Nacor_, ³⁵ hijo de _Serug_, hijo de _Ragau_, hijo de _Peleg_, hijo de _Heber_, hijo de _Sala_, ³⁶ hijo de _Cainán_, hijo de _Arfaxad_, hijo de _Sem_, hijo de _Noé_, hijo de _Lamec_, ³⁷ hijo de _Matusalén_, hijo de _Enoc_, hijo de _Jared_, hijo de _Mahalaleel_, hijo de _Cainán_, ³⁸ hijo de _Enós_, hijo de _Set_, hijo de _Adán_, hijo de _Dios_".

Ahora tomamos este linaje y lo invertimos para que tenga sentido: ¹⁻Dios, ²⁻Adán, ³⁻Set, ⁴⁻Enós, ⁵⁻Cainán, ⁶⁻Mahalaleel, ⁷⁻Jared, ⁸⁻Enoc, ⁹⁻ Matusalén, ¹⁰⁻Lamec, ¹¹⁻ Noé, ¹²⁻Sem, ¹³⁻Arfaxad, ¹⁴⁻Cainán, ¹⁵⁻Sala, ¹⁶⁻Heber, ¹⁷⁻Peleg, ¹⁸⁻Ragau, ¹⁹⁻Serug, ²⁰⁻Nacor, ²¹⁻Taré, ²²⁻Abraham, ²³⁻Isaac y ²⁴⁻Jacob. Pero debemos de hacerle un cambio a esta lista porque Dios no podría ser uno de los 24 ancianos. Entonces si quitamos a Dios como uno de los ancianos, quien seria la persona que lo sustituye? ¿Quién falta de este linaje? ¡Abel! Antes de Set, Abel era la línea elegida antes de que él fuera asesinado por su hermano Caín. Abel es desafientemente "uno de los ancianos". Hay varias otras hipótesi de quienes son los 24 ancianos de Apocalipsis, como por ejemplo pueden ser los doce Apóstoles y los doce patriarcas de la tribus de Israel, pero quienquiera que fuesen los escogidos por Dios a esos cargos, aseguremos nuestra salvación por nuestro amor a Dios, fe en Cristo Jesus y observancia de sus mandamientos aquí para conocerlos a todos allá. El Señor tiene mucho que revelar aun y seguirá inspirando a su pueblo por medio del Espíritu Santo y a sus escogidos hasta que el presente cielo y la Tierra pasen de existencia, enviándonos mensajes e instrucciones de generación en generación hasta la culminación de su plan de salvación. Esta obra literaria es como del tamaño de un ápice a lo que al estudio del orden celestial de Dios y de sus innumerables misterios se refiere. Es un temario de tan magna profundidad, que por mas que estudiemos el tema con nuestras mentes finitas y perplejamente diminutas, pero con mucho amor y temor divino, mas realizaremos la magnificencia del Altísimo y de su gran amor ilimitado hacia nosotros, ya que comparados a su Magno, Inmutable, Infinito y Perpetuo Ámbito y circulo Iluminado Divino,

somos realmente, como el parpadeo de ascuas dentro de cenizas.
Su manto de Luz nos emblanquece día a día con sabiduría.

El descenso

Habra media hora de silencio en el cielo[412] al regresar el Señor a
la Tierra para transportar a sus escogidos. Esa media hora de
silencio es proféticamente siete días y medio (7.5 dias). ¿Porque
Jesús se demorara siete días y medio en su viaje hacia la Tierra,
si el tiene el poder de estar con nosotros instantáneamente?
Satanás y sus anfitriones se han acomodados en los cielos
inferiores de nuestra galaxia e universo al no poder exceder el
Trono de Dios. Satanás ha creado mucha anomalidad no solo en
la Tierra, pero también en los cielos, entre algunas ha creado
Agujeros negros[413] en nuestra galaxia, pero la Luz Ilimitada los
encerrara a todos y los anfitriones que en ellos habitan. El
Señor comenzara su descenso refrenando y capturando[414] a esos
seres inmundos que trataran de impedir su Advenimiento al
planeta Tierra y lo hará de circulo en circulo y constelación por
constelación con las miríadas de sus huestes celestiales cuando
se levantara Miguel[415]. Esos adversarios también tendrán que
postrarse delante del Rey de los universos y darle toda honra al
Cristo que todos los justos esperamos.

El ascenso

De este peregrinaje Divino y sublime, también los justos
emprenderán, al comenzar el ascenso a nuestra Canaán Celestial.
A nuestro lado estará nuestro ángel guardián que desde que
nacimos se nos fue asignado por nuestro Padre celestial y también
estaran nuestros seres queridos, nuestros hermanos de la Iglesia, y

---

[412] Apocalipsis 8:1
[413] Black holes
[414] Hará lo mismo con los espíritus inmundos que se encuentran en la Tierra
[415] Daniel 12: 1-4

144

a otros salvos que llegaremos a conocer en La Nueva Jerusalén y quienes sus nombres estan en el Libro de la Vida. Todos los redimidos (resucitados en ese día glorioso[416]) y los 144,000 entraremos por las puertas galácticas que están mas allá del sol, cada uno por el paso o la puerta de una de las doce constelaciones eclípticas[417] con longitudes celestiales de nuestra galaxia y que son las doce puertas de perlas de la Ciudad Santa; doce, todas con los nombres de las doce tribus de Israel para entrar a un nuevo universo, llamado "La Nueva Jerusalén". Durante este viaje galáctico los planisferios se doblaran en reverencia y en homenaje ante Su presencia y veremos el éter, pasaremos por el Orión y tocaremos las Nebulas, flotaremos entre las mas brillantes de las estrellas, saludaremos a la luna y al sol que con sus revoluciones incesantes proclaman: Santo, Santo, Santo, el Señor del Sábado...

---

[416] 1 Tesalonicenses 4:16; Isaías 26:19

[417] "Sodi" – griego, astronómicamente denota el *"paso"* eclíptico del sol, la luna y los planeferios. Hay una decimotercera constelación llamada "Constelación de Ophiuchus" o "Serpentarius". El Ophiuchus (griego) y/o Serpentarius (Latin) es representado por un hombre agarrando una serpiente; la interposición de su cuerpo divide la constelación de serpiente Sierpe en dos partes, Sierpe Caput y Sierpe Cauda, que son sin embargo contados como una constelación. Esta constelación denota que hay un 13° carácter, el de Satanás y metafóricamente simboliza al hombre Adán, luchando con la serpiente (Lucifer), su naturaleza pecaminosa y la caída del hombre y su derrota. En latín la palabra "Caput" = Capital o Principio, metafóricamente "Cabeza" y la palabra Cauda = "Cola". Es plausible que los adversarios capturados por las huestes celestiales durante el descenso de Cristo a la Tierra serán atados en esta constelación (Puerta Serpentaria), para luego ser juzgados post-Armagedón. Esto ocurrirá al descenso, ya que la senda galáctica deberá de ser libre de contaminación, purificada y asegurada para Su retorno celestial y ascenso con los santos de la Tierra. La Tierra en ese entonces sera caótica y deshabitada por 1000 años. Luego de los 1000 años Satanás sera desatado para engañar a los resucitados que están en los cuatro ángulos de la tierra, en la segunda resurrección, preparados para la Batalla del Armagedón, pero Dios descenderá fuego del cielo, y los consumirá. Y el diablo que los engañaba sera lanzado en el lago de fuego y azufre, donde estarán la bestia y el falso profeta, y la muerte y el Hades, y el que no se halló inscrito en el libro de la vida; y serán atormentados día y noche por los siglos de los siglos, unos mas que otros hasta sus respectivas expiraciones. Apocalipsis 20: 1-10 y 14-15.

Que la paz de vuestro Señor Jesucristo sea con vosotros por los siglos de los siglos. *"La paz os dejo, mi paz os doy"*. Juan 14:27

Ven Señor Jesús, si ven. **¡Amén!**

Agradecimiento

Mi Profundo agradecimiento a:

Jovana, quienes me ayudaron con el dictamen de esta obra y por sus continuas motivaciones día y noche.

Y en especial a mi **ángel guardián**, uno de los millares santos "hijos de Dios" que no descansa de su aguda labor, desempeñándola con sumo amor y protección desde el día en que nací, hasta el día en que me presente delante del Rey de reyes y Señor de señores, mi amado Jesús.

Otra Obras

Enoc 1 Posiblemente Libro mas antiguo de la antiguedad. Es uno de los trabajos apócrifos más importantes. Esta lleno de visiones alucinantes d cio e infierno, ánges y demonios. Enoc introdujo conceptos como ánges caídos, aspecto d Mesías, Resurrección, Juicio Final, y un Reino Divino en la Tierra. Fragmentos arameos de Manuscritos d Mar Muerto hallados en Qumran, Cueva 4, 1947.

Libro De Jaser: Este es libro de las generaciones del hombre que Dios creo sobre la Tierra durante el dia cuando el Señor Dios hizo los cielos y la Tierra.

El Libro De Los Jubileos: El Libro de Jubileos, o, a veces llamado, "el pequeño Génesis", es una revelación dada por Dios a Moisés por medio de un ángel ("el Ángel de la Presencia"), y contiene una historia, dividida en períodos de jubileos de cuarenta y nueve años, desde la creación hasta el tiempo de Moisés. El contenido de este libro es de la tradicion Enocquina.

Los Libros Perdidos Del Eden – Adán Y Eva:
Mesmerizante...increiblemente humana...trasendente....Este es la historia más antigua del mundo - ha sobrevivido porque encarna el hecho básico de la vida humana. Un hecho que no ha cambiado un ápice; entre todos los cambios superficiales de la civilización, este hecho permanece: el conflicto entre el bién y el mal; la lucha entre el Hombre y el Diablo; la lucha eterna de la naturaleza humana contra el pecado.

Los Macabeos: El ajuste del libro es aproximadamente un siglo después de la conquista de Judea por los griegos bajo Alejandro el Magno, después de la división del Imperio de Alejandro, Judea se convirtió parte del Imperio griego Seleucido. El libro relata como el reinado griego de Antioco IV Epifanes intentó suprimir la práctica básica de la ley religiosa judía. Al leer este libro podemos ver como el triunfo de los judíos nos a dado derechos de libertad religiosa...hasta el día de que ya no la tengamos

El Testamento de los Doce Patriarcas: Los doce hijos de Jacob (Israel): 1.1 Rubén, 1.2 Simeón, 1.3 Leví, 1.4 Judá, 1.5 Isajar, 1.6 Zebulún, 1.7 Testamento de Dan, 1.8 Neftali, 1.9 Gad, 1.10 Aser, 1.11 José, 1.12 Benjamin. Los Testamentos de los Doce Patriarcas hijos de Jacob o simplemente Testamento de los Patriarcas es un libro apócrifo bíblico e intertestamentario, que refiere discursos y recomendaciones atribuidas a los doce hijos de Jacob, antes de morir. Se han encontrado fragmentos de copias en arameo de los Testamentos de Leví (*1Q21, 4Q13, 4Q540, 4Q541), Judá (3Q7, 4Q538) y José (4Q539) entre los Manuscritos del Mar Muerto y uno de Leví (similar a 1Q21) en el depósito de la sinagoga de El Cairo, procedente de los judíos caraítas del siglo IX. Los manuscritos antiguos más importantes son los armenios (cuarenta y cinco), y griegos (trece) y siríaco.

Reservar sus copias al visitar el website:

www.E-GodNow.com e-mail: **Admin@E-GodNow.com**

Sin Enterprises
PO BOX 565173
MIAMI, FL 33256

---

* La "Q" identifica a las cuevas de Qumran, descubiertas en 1947 en el área del Mar Muerto y los manuscritos hallados en las cuevas, por ejemplo: 1Q21 = Cueva 1 de Qumran, Manuscrito # 21 etc...

www.ingramcontent.com/pod-product-compliance
Lightning Source LLC
Chambersburg PA
CBHW030527100426
42813CB00001B/172